JN238165

和光だより

刑事弁護教官奮闘記

大木 孝

現代人文社

はしがき

　私は、2007(平成19)年3月に司法研修所刑事弁護教官に就任しました。
　横浜弁護士会の推薦をいただくにあたり、大先輩から、「横浜から教官が出ることはめったにないことだから、もし実現した場合は、お前一人喜んでいないで和光と横浜を結ぶパイプになれ」というアドバイスをいただきました。
　常に教官を輩出している東京三会（東京弁護士会・第一東京弁護士会・第二東京弁護士会）以外には、なかなか和光の司法研修所情報が入ってこないことは確かですので、それならば力不足ではありましょうが、横浜弁護士会の皆さんに対し、研修所の授業風景を実況したり、今どきの司法修習生の姿を描いてお伝えしようと思い、弁護士会のメーリングリストに「和光だより」と題して投稿することにしました。

　連載中は、多くの方々からさまざまな励ましのお言葉をいただき、また、それまでほとんどお話をしたことのない先輩や若手会員からも「和光だより読んでいますよ」というお声をかけていただき、非常に嬉しく思いました。
　たよりの中身は、その時々の講義内容の話から、私の身の回りで起きた和光と直接関係のない事件に至るまで、しばしば脱線しつつ多種多様ですが、3年間の航海日誌として私にとって一つひとつが思い出深いものです。
　授業風景や板書については、主に私が授業で行ったオリジナルの部分を整理して投稿しました。
　法解釈論上の問題もいくつか取り上げましたが、あくまでも起案講評と関連づけて修習生が全体像を掴めればよしという限度で説明したもので、とことん突き詰めたものではありません。ただ、修習生目線のわかりやすさという面では、なんとか評価いただけるのではないかと勝手に思っています。

　今回、3年間の務めを終えるにあたり、複数の先輩方から異口同音に「和光だよりを一冊の本にまとめたらどうか」というお言葉を頂戴しました。
　私自身、このまま書きっ放しで終わるのももったいないと思い始めていたので、ではやってみようかという気持ちになりました。

今回の収録にあたり、明らかな誤記・誤変換等を訂正したほか、頁数や字数その他の関係で割愛したり一部修正した箇所もあります。メーリングリストで添付できなかった図表も補充しました。また、思い出を形に残す折角の機会ですので、横浜弁護士会新聞に載った記事も収録させていただきました。

　さらに、巻末に付録として、自主ゼミで何度も使った「12人の怒れる男」の証拠（間接事実）構造図の問題編を収録しましたので、興味のある方はチャレンジしてみてください。

　あえて正解の類は示しませんが、映画を観ればたぶん大丈夫です。

目　次

はしがき　2

教官1年目

横浜弁護士会新聞　インタビュー …………………………… 8
講義内容アンケート①　和光だより（1）………………………… 10
教官に求められるもの　和光だより（2）………………………… 12
現行60期――後期カリキュラム　和光だより（4）……………… 14
やって見せた例――証拠の構造　和光だより（5）……………… 16
　　図表1　証拠の構造　18
　　図表2　証拠構造と、論告・弁論・判決の見出しの違い　19
言って聞かせた例①――共謀の認定　和光だより（6）………… 20
　　図表3　共謀共同正犯の構造　23
共謀成立は厳格に　和光だより（号外）………………………… 24
エピソード系雑談風に　和光だより（7）………………………… 26
言って聞かせた例②――自白の信用性　和光だより（8）……… 28
　　図表4　信用性第一基準の比較対象　32
　　図表5　自白の信用性判断基準の全体構造図　33
させてみせた例――記録の読み方　和光だより（9）…………… 34
　　図表6　記録の読み方と起案のポイント　36
講義内容アンケート②　和光だより（10）……………………… 37
二回試験の結果を受けて①　和光だより（11）………………… 39
新61期出張講義――殺意の認定　和光だより（12）…………… 41
記録収集とリーガル・ミステリー　和光だより（13）………… 45
自白内容の変遷　和光だより（15）……………………………… 50
　　図表7　「供述の変遷」と「自白内容の変遷」のイメージ図　54
　　図表8　自白の変遷の考え方　55
万引きを疑われて　和光だより（号外）………………………… 56

教官2年目

横浜弁護士会新聞　インタビュー …………………………… 60
現行62期――前期カリキュラム　和光だより（16）…………… 62
模擬接見　和光だより（17）……………………………………… 65

事務所訪問　和光だより(20) 67
補助証拠と補助事実　和光だより(21) 69
質問に答えて①　和光だより(号外) 71
褒めてやった例——いいとこどり　和光だより(22) 73
身体拘束の解消　和光だより(23) 75
一周年　和光だより(24) 80
座右の銘　和光だより(27) 83
正規現象と病理現象　和光だより(28) 86
　　　図表9　伝聞証拠の扱い　89
冤罪　和光だより(29) 90
教官室の配置　和光だより(31) 93
課外活動2つ　和光だより(32) 95
ひかり寮　和光だより(33) 97
忘年会カクテル党　和光だより(34) 99
新62期出張講義——犯人識別供述　和光だより(35) 101
　　　図表10　証人の種類と弾劾　106
現行62期前期——今日のポイント　和光だより(37) 107
教え子の活躍は教官冥利　和光だより(38) 110
卒業教官追い出し旅行——台湾　和光だより(40) 112
12人の怒れる男　和光だより(41) 115

教官3年目

富士は日本一の山　和光だより(42) 120
図解重視傾向　和光だより(43) 122
　　　図表11　自白信用性弾劾説明図　125
質問に答えて②　和光だより(号外) 126
補助線の話　和光だより(44) 128
みどりのそよ風　和光だより(45) 131
修習生の食事情　和光だより(46) 134
裁判員制度　和光だより(47) 137
不同意の理由　和光だより(48) 140
サイモン＆ガーファンクル　和光だより(49) 142
法328条の弾劾証拠　和光だより(50) 145
現行62期後期——今日のポイント　和光だより(51) 149

二回試験の結果を受けて②　和光だより（52） 151
伝聞法則と実況見分調書　和光だより（53） 153
　　図表12　伝聞法則概観　　156
　　図表13　いわゆる「実況見分調書」の証拠能力　　157
多視点思考でいこう　和光だより（54） 158
「ない」ことに着目　和光だより（55） 161
事件性と犯人性　和光だより（57） 164
観察条件の相対性　和光だより（58） 167
語呂合わせ　和光だより（59） 171
質問に答えて③　和光だより（60） 174
新63期出張講義――特信情況　和光だより（61） 178
　　図表14　法321・Ⅰ②後　　182
わかりやすい文章と論述順序　和光だより（62） 183
情況証拠と間接事実　和光だより（63） 187
　　図表15　主な間接事実（情況証拠）の分類　　190
卒業教官追い出し旅行――鹿児島　和光だより（64） 191
自白法則と排除法則　和光だより（65） 194
　　図表16　強制処分法定主義と令状主義　　199
　　図表17　自白法則と違法収集証拠排除法則の関係　　200
私の引き出し　和光だより（66） 201
最後の挨拶　和光だより（67） 204

付録　「12人の怒れる男」証拠（間接事実）構造図

　　殺意をめぐる論点　　208
　　ナイフをめぐる論点　　209
　　老人の証言をめぐる論点　　210
　　少年の帰宅をめぐる論点　　211
　　アリバイをめぐる論点　　212
　　向かいの女性の証言をめぐる論点　　213
　　ナイフの刺傷をめぐる論点　　214

あとがき　　215

教官1年目

インタビュー

横浜弁護士会新聞

2007.7

1　教官就任の動機は？

　漠然とした形では、弁護士登録の当初から司法研修所での後進指導に携わってみたいという夢はありました。

　登録後、市民法律講座での講師や法科大学院での授業に従事するなかで、わかりやすい図解とわかりやすい喩え話が効果的であるという確信を得て、漠然とした夢が徐々に具体的なものへと変わってきました。

　そんななか、周囲の方々からの勧めもあって、司法研修所教官の大任に就くことになりました。

2　教官としての執務状況は？

　現在、起案資料の作成にあたっていますが、1本の白表紙起案のためには、教官室の合議が十数回にわたって重ねられ、講義テキストや模範弁論要旨を揉みに揉んでいくという作業が行われます。

　特に刑事弁護教官室は新人教官に対するスパルタ式の教育が伝統で、合議の中で厳しい批判・検討に堪えるためには相当な準備が必要になります。

　週に1日か2日は和光市の司法研修所か霞ヶ関の日弁連会館で合議が行われ、9時過ぎまで議論を交わすこともしばしばです。

3　今後の抱負は？

　激しい議論が飛び交う刑事弁護教官室の合議ですが、雰囲気に慣れるにつれ、図解等を駆使した自分のスタイルが周りにも浸透し、「大木色が出てきたね」と言われるようになってきました。

　当会からの12年ぶりの教官として「なんだ、わざわざ横浜から来て大したことないな」などと他の教官に言わせるわけにはいかないので、非常に気合いは入っています。

　できればいろいろな意味で「伝説の教官」と言わせたいと思っています。

4　会員に対して一言

　今回の教官就任にあたっては多数の先生方にご尽力いただき本当に感謝しています。

　また、私を快く送り出してくれた事務所のスタッフにも、この場を借りてお礼を言いたいと思います。

　私より期の若い会員も、私のように酒好きのチョイ不良（ワル）おやじでも教官になれますので、是非自信をもって司法研修所教官を含めご自身の目標に向かって前進していただければと思っています。

5　法廷小説・映画がお好きとうかがっていますがお薦めの作品はありますか？

　いろいろありますが、海外の作品には緊迫感あふれる良質なものが多数あります。

　小説では『情況証拠』(スティーブ・マルティニ) がお勧めです。

　また、映画ではやはり『12人の怒れる男』でしょうか。証拠構造を学ぶ最良の素材と言えますし、なんと言っても「理」が皆を動かすというストーリーが刑事弁護に携わる者としてたまりません。

和光だより(1)

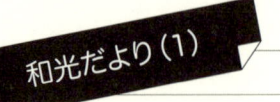

講義内容アンケート①

2007.8.13

　横浜弁護士会会員の皆さん、毎日暑い日が続きますがいかがお過ごしでしょうか。県西支部所属刑事弁護教官の大木です。元気でやっています。
　内陸地和光は予想以上の酷暑で、アブラゼミの鳴き声が例年にも増してうるさく感じられるこの頃です。

　さて、今年1月に内定、3月に正式辞令を受け現行60期後期を担当してまいりましたが、早いもので先週の9日に最終講義を済ませ、後期課程が無事終了しました。ご支援ご協力有難うございました。
　ところで修習生は、今日から5日間ぶっ通しで二回試験を受験しています。お盆休みの5日間に土日を挟まず試験日程を組むなど、修習生思い（？）の私には到底思いつかないカリキュラムですが、現行と新が交錯している特殊事情なのでしょう。当初から確定していた日程でした（修習生が可哀想）。
　今は、皆体調を崩さねばいいがとか、特に私が担当した15組の連中や去年教官就任前に自主ゼミで面倒をみた横浜配属D班の連中が無事合格してくれればいいな、などと祈るばかりです。

　話は変わりますが、最終講義の際、15組の73人に対し、私の講義内容に関する独自の匿名アンケートを実施しましたが、結果は概ね好評でした。
　コメントで目立ったのは、好意的なものとして、

① 図表がわかりやすい
② 概念の整理ができた
③ 刑事弁護がすぐれて理論的なものだとわかった
④ 起案の書き方がよくわかった
⑤ 語呂合わせが役に立った

等々があり、私が従前ロースクールや横浜配属修習生の自主ゼミで重点的に教えてきた点がよい印象のようで、自分のやり方が大筋では間違っていなかったと胸を撫で下ろしました。

　また、批判的な意見としては、

① 　起案は講義の最初に返却してほしい（最初に返すと気になって教官の講義が上の空になる、という先輩教官の話から途中返却にしたため）
② 　時間配分に考慮してほしい（基礎が不十分だとの事前情報から、起案に直結しない基礎事項も教えたため）
③ 　パワーポイントも活用してほしい（単に私がPCオンチなだけ）

というものでした。これらの意見を次に生かして、よりよい講義を目指したいと思います。

　今後ともご支援ご協力をお願いします。

和光だより(2)

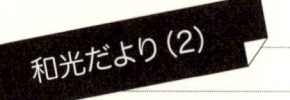

教官に求められるもの

2007.8.27

　おはようございます。世間ではまだ暑い日が続いていますが、修習生にとっての（教官にとっても）暑過ぎる夏は終わりました。二回試験の採点と合否判定会議も過日終了し、修習生は結果を待つばかりとなっています。
　17日の試験終了後、すでに彼らは全国各地に散らばっており、あれほどそこかしこに出没していた修習生の姿が、和光の町から一斉に消えました。
　試験結果は、今回から郵便で直接本人宛てに送付されるとのことです。したがって、我々の時のような修習終了式やお別れコンパなどの公式行事は一切なく、「夕陽に向かって走れ」的体育会系教官の私としては、いささか物足りない「尻切れトンボ」の終わり方に思えてしまいます。これも時代の流れでしょうか（というか司法改革の影響？）。そう言えば修習開始式もサテライト方式でした。

　さて、これから教官を目指してみようとする若手会員の方々へのアドバイス的なものを考えてみました。
　まず、大前提として、

「修習生が好きでなければならない」

と思います。赤ん坊でも犬でも、自分が好かれているかそうでないかは敏感にわかるもの。これがそもそもの出発点でしょう。
　次に、私は教官就任にあたり、指導方法について次の歌を参考といたしました。

「やって見せ　言って聞かせて　させてみて　褒めてやらねば　人は動かじ」

　規律の厳しい軍隊にあって、かつ人望の厚いあの山本五十六連合艦隊司令長官をしてこう語らしめたくらいですから、人を動かすことがいかに難しいかがわかります。いわんや規律ゆるゆる大甘の修習生を、私なんぞが動かすのは生半可

ではないはずです。そこで私は、せめてこの歌を忠実に実践することにしたわけです。

① 「やって見せ」られる能力
用意した内容以外の質問にも即座に応じ、その場で対応できる力。
修習生に力の違いを見せつけられるようでなければなりません。口先だけで何もできない教官では修習生もついてこないでしょう。とりわけ刑事三教科の教官は、実力を比較されがちなもの。刑裁・検察教官に引けをとるようではいけません。

② 「言って聞かせ」られる能力
修習生の陥りやすい弱点を見極め、明快に論じられる力。
説明の仕方に常に工夫が見られるようでなければなりません。日頃から、この点がわかりにくそうだとか、こう教えれば理解してくれそうだとか、常に「教える」ことを意識しながら実務処理をするのが望ましいでしょう。普段からわかりやすい図表を描く習慣も必要ですね。

③ 「させてみせ」られる能力
教官に言われたようにやってみようと決意させ、実行させられる力。
話を聞くだけでまったく従わない者がいては実力向上は夢物語です。その手の態度は他に伝染するもの。逆に、言われたようにやった者がいい成績を取れば、これも伝染するものです。

④ 「褒めてや」れる能力
起案の添削や講評で、ただ欠点を指摘するだけで終わらず、必ずよかった点を指摘できる力。修習生のその後のモチベーションにつながります。
これはある意味で忍耐が求められます。どちらかというと、人のミスを指摘するのが常態になっていて、自慢はしても決して人を褒めない弁護士が(私も含めて)周りにごろごろいます(笑)。

随分偉そうなことを書き連ねました。ただ、どれもちょっとした努力と工夫でなんとかなる類のものですから、ご安心を。
抽象論では不十分ですね。若干の具体例は、今後の「和光だより」で。

和光だより（4）

現行60期──後期カリキュラム

2007.9.13

　ようやく少し涼しくなってきましたね。
　先ほど新司法試験の合格者が発表になりました。受験者4,607人中、合格者は1,851人、合格率約40％で、平均年齢29.20歳。最高齢56歳、最低年齢が24歳だそうです。うち、純粋未修者292人、いわゆる表見未修者（法学部出身）343人、既修者1,216人でした。
　1,851人となると、75人クラスとして、25組になるようです。教官の数を上回るし、キャパシティの点からも、一度に研修所に迎え入れられないでしょうから、2回に分けて集合修習を行うことになります。

　新61期の彼らは、初めてロースクール既修組と未修組が混在する集合体であり、かつ、司法研修所の事前研修なしに、いきなり実務修習に放り込まれる初めての期でもあります。来年研修所にやって来る時までに、各実務修習地で研鑽を積み、実力をつけてきてほしいものです。
　横弁の先生方も、どうぞ厳しい、しかし血の通ったご指導をお願い致します。
　また、勝手の違う人類（？）を送り込まれて、修習委員の皆さんもこれまで以上に大変でしょうが、後輩のためと思ってご尽力くださいますようお願い致します。
　特に、刑事弁護については、なかなか争う事案にぶつからない個別指導の先生方もいらっしゃると思われますので、できれば、そういった事案があった場合は、配属修習生だけでなく、同じ班のメンバーにもお声をかけていただき、修習の実があがるようご配慮をお願いしたいと思います（私が修習委員の頃もそういう工夫をしていたので、今も同じとは思われますが）。

　ちなみに、司法研修所で現在どんな教育がなされているかというと、例えば、現行60期後期に実施したカリキュラムの内容は、

　① 講義（公判前整理手続）

②　起案1（弁論要旨フル起案）
　③　起案2（弁論要旨フル起案）
　④　演習1（準抗告申立書起案）
　⑤　演習2（尋問研究）
　⑥　刑事3科目共通カリ1（実務修習レポート）
　⑦　刑事3科目共通カリ2（勾留・保釈）
　⑧　弁護共通カリ（弁護士倫理）

でした（順不同）。これらを、最終1週間の二回試験期間を除いた期間、すなわち6月21日から8月9日までの約50日の間に実施しました。

　修習生は他にも4科目あるわけですから、本当に息をつく間もないでしょうね。この私でさえ、最後まで、「夕陽に向かって走れ」とは言い出せませんでした。飲み会は、あることはありましたが、「それはそれとして、まあ飲め！」という私の常套句（笑）もなかなか使えませんでした。

　こういった点を見ても、ロースクール制度・司法試験制度・司法修習制度の変革期に教官に就任した者（私のことですよ！）の苦労の一端がご理解いただけるのでは。

　ただ、新しく教官を目指している後輩の先生方の時は、すでに過渡期を過ぎるでしょうから、この点の心配はなくなるでしょう。ご安心ください。ここ1、2年がヤマですね。

　さて、5月15日にランドマークで盛大に壮行会を開いていただいてから、約4カ月が経ちました。
　大木孝、元気でやっています！

和光だより(5)

やって見せた例——証拠の構造

2007.9.23

　ようやく朝晩はしのぎやすい季節になりました。
　先日、残念ながら8月の二回試験に不合格となった教え子と会って相談を受けたばかりですが、もう9月27日からは次の新60期集合修習が開始となります。
　今度の期は、初めてのロースクール出身生ということで、教官室でも、現行の期とどこが違うのか、指導方法のどこを変えるべきかについて、いろいろと模索している状況です。とはいえ、新修習の中でこの期のみロースクール既修組で構成されており、比較的現行期に近いのかもしれませんが。

　さて、前々回お約束の若干の具体例です。
　現行60期後期第1回講義では、「証拠の構造」について図示して説明しました（図表1）。これは、1951（昭和26）年の司法研究報告として足立勝義判事が発表された『英米刑事訴訟に於ける情況証拠』の内容を、私なりに咀嚼し簡略化して図解したものです。用語法もそのまま踏襲しているので、若干古い表現ですが、その後の文献で言い換えた例を見ておりませんので、今も使っています。
　これは、直接証拠と情況証拠との違いと、要証事実への推認の過程について目を向けてもらうための説明で、証拠構造に関しては、以前からこの説明を使わせていただいており、ここまでは想定内。この後、1限の途中休憩に入ったところで、ある修習生から、「弁駁」の例にはどんなものがあるかという質問を受けました。そこで、休憩時間にわかりやすい例を考えてそれをホワイトボードに図示しておき、次の1限後半の冒頭で殺意にからめて説明してみようと思いました。
　また、すでに採点添削した起案の見出しの表現が修習生によってまちまちだったので、その点についても一言触れておこうと思い、同じ項目でも、論告・弁論・判決では三者それぞれ見出しの表現が違うのだ、という例にしました。
　その時描いたホワイトボードの図のメモを持ち帰り、あとから事務員に作図してもらったのが、図表2です。
　また、図表2には描いてありませんが、次のように情況証拠にも触れておきま

した。
　例えば、仮に、創傷部位が腕の付け根だったという殺人既遂事案だとすると、

① 弁護人が、「身体枢要部ではない」という否認の間接事実を主張し、これを証明するための情況証拠としては、「腕の付け根の負傷による死亡確率が低いというデータ」(そんなものがあればの話ですが) などが考えられる
② また、弁護人が、「狙ったのではなくたまたまそこに刺さった」という弁駁の間接事実を主張し、これを証明するための情況証拠としては、「被害者が被告人の方へ突然向かってきたという目撃供述」などが考えられる

と説明し、概ね理解してもらえたようでした。
　見出しの違いの説明に対しては、「今までそんなこと考えもしなかった」という感想が寄せられ、即興でやった甲斐がありました。
　あらかじめ用意していない内容について、その場で図を描き要領よく説明したりすると、修習生の教官を見る目がその後違ってくるようです (笑)。
　以上「やって見せ」た私の実体験を紹介しました。

図表 1　証拠の構造

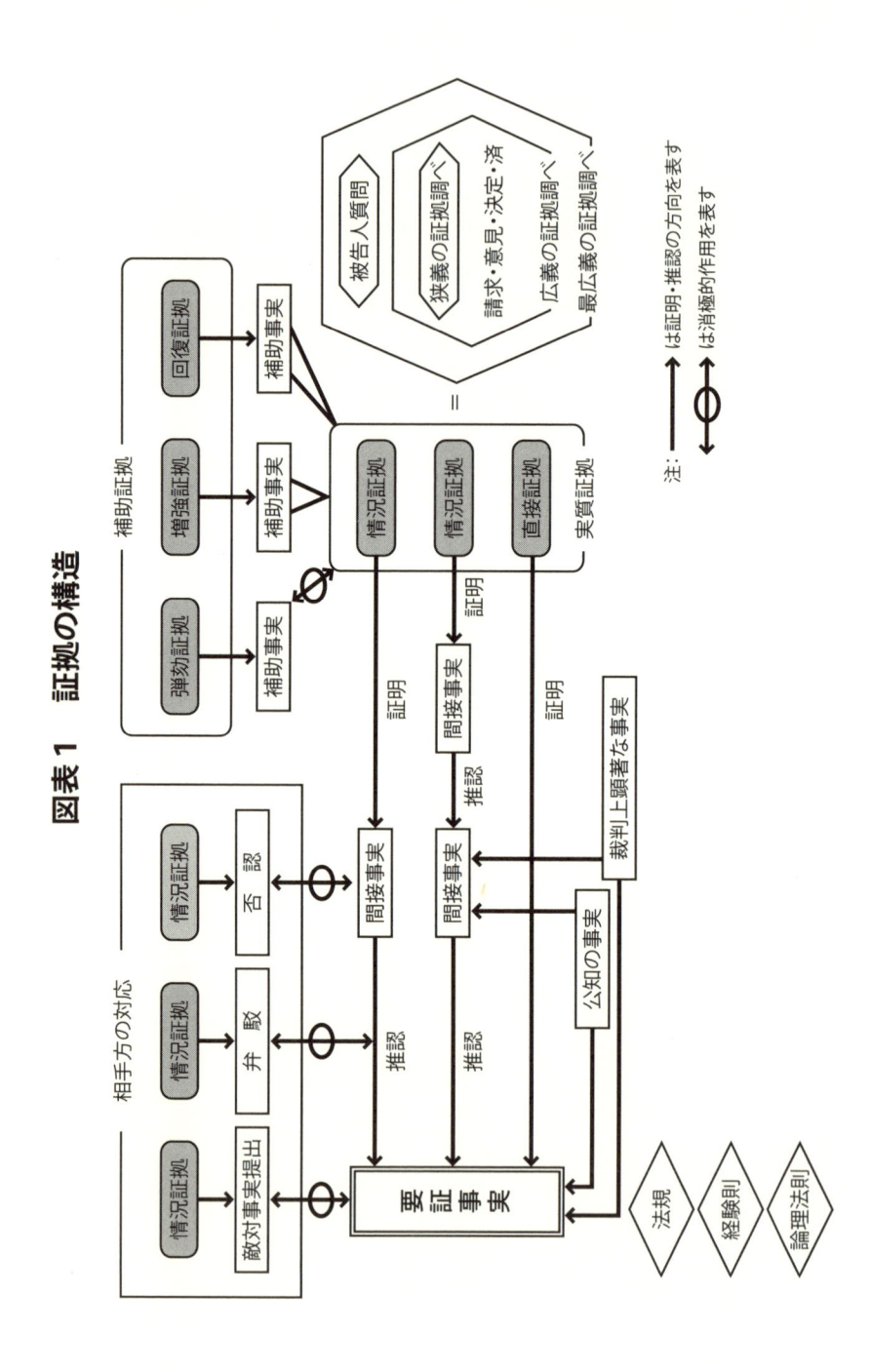

18　和光だより──刑事弁護教官奮闘記

図表2 証拠構造と、論告・弁論・判決の見出しの違い

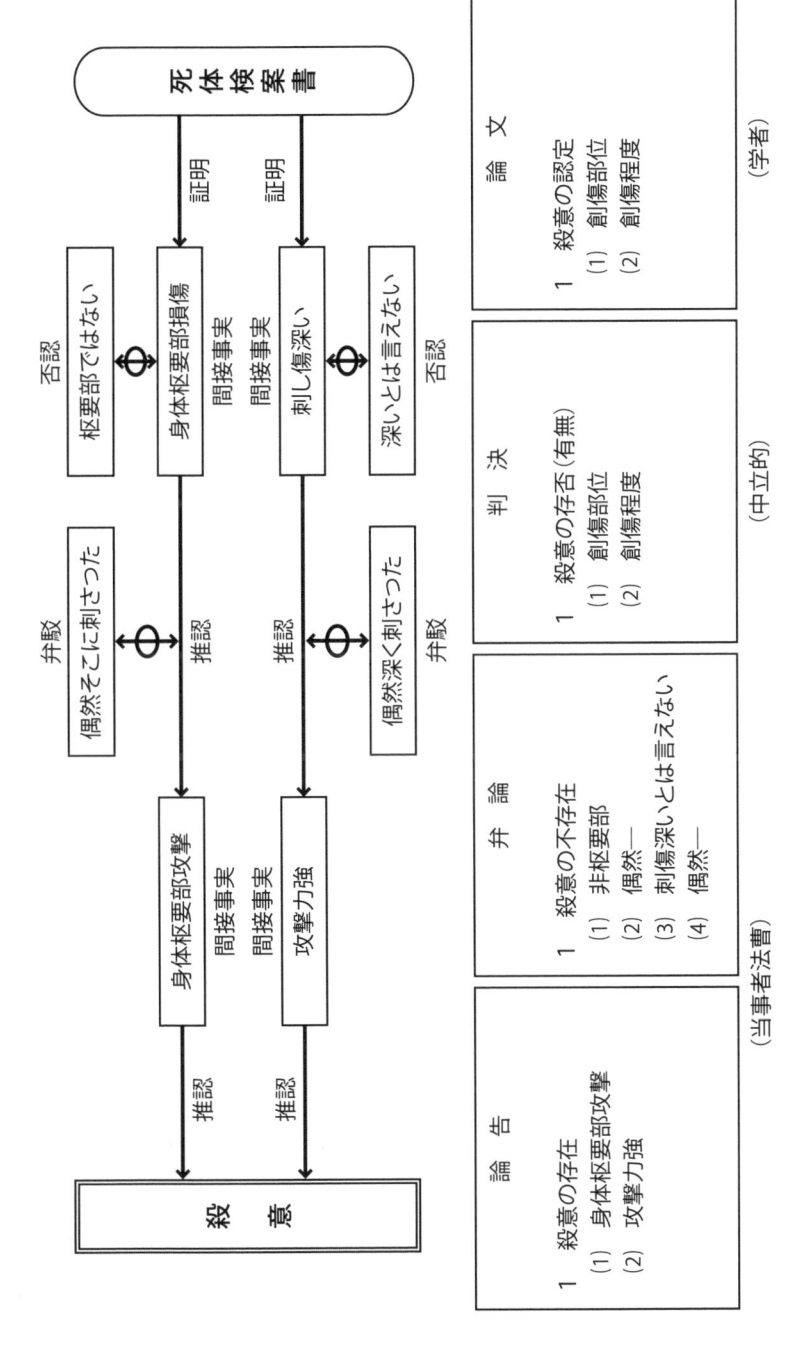

```
                        ┌─────────────┐
                        │ 死体検案書  │
                        └──────┬──────┘
                      証明 │   │ 証明
                        ┌──┘   └──┐
         否認           ▼         ▼           否認
    ┌──────────┐  ┌──────────┐  ┌──────────┐  ┌──────────────┐
    │板要部では│◇│身体板要部│  │刺し傷深い│◇│深いとは言えない│
    │ない      │  │損傷      │  │          │  │              │
    └──────────┘  └──────────┘  └──────────┘  └──────────────┘
                    間接事実     間接事実
                    ┌──────────┐  ┌──────────┐
         弁駁       │          │  │          │       弁駁
    ┌──────────┐  │          │  │          │  ┌──────────┐
    │偶然そこに│◇│ 推認     │  │ 推認    │◇│偶然深く  │
    │刺さった  │  │          │  │          │  │刺さった  │
    └──────────┘  └────┬─────┘  └────┬─────┘  └──────────┘
                    認認 ▼         ▼ 認認
                   ┌──────────┐  ┌──────────┐
                   │身体板要部│  │攻撃力強  │
                   │攻撃      │  │          │
                   └────┬─────┘  └────┬─────┘
                    間接事実     間接事実
                    推認 │         │ 推認
                        └──┐   ┌──┘
                           ▼   ▼
                        ┌─────────────┐
                        │  殺  意     │
                        └─────────────┘
```

論　告	弁　論	判　決	論　文
1 殺意の存在 　(1) 身体板要部攻撃 　(2) 攻撃力強	1 殺意の不存在 　(1) 非板要部 　(2) 偶然一 　(3) 刺し傷深いとは言えない 　(4) 偶然一	1 殺意の存否（有無） 　(1) 創傷部位 　(2) 創傷程度	1 殺意の認定 　(1) 創傷部位 　(2) 創傷程度
（当事者法曹）		（中立的）	（学者）

教官1年目　19

和光だより(6)

言って聞かせた例①――共謀の認定

2007.10.6

　おはようございます。
　ついに9月27日から、新60期集合修習が始まりました。新司試組は実務修習地ごとにクラス分けされるので、クラスの雰囲気にもその地域の特色が出るようです。
　私の9組は、大阪（58名）＋松江（12名）組。西日本のロースクール出身者が多く、関西系のノリで、授業での発言も大阪弁（私にはそう聞こえる）が飛び交っています。

　さて、大分前にお約束の実例第2弾。
　現行60期後期の起案2では、「共同正犯」を扱いました。
　ご案内のように、共謀の認定については諸説あり、概念の捉え方や用語法が違っていたりして、私自身修習生の頃は教官の説明を聞いてもほとんどわかりませんでした。実務についてからも、それを争う事案にぶつからなかったこともあって、結局よくわからない状態のまま今回の起案講評準備に直面したというのが正直なところです。
　ところで、皆さんは、次の文章群を統一的に理解できるでしょうか。

① 「共謀または謀議は共謀共同正犯における罪となるべき事実にほかならないから、これを認めるためには厳格な証明によらなければならない…（中略）…謀議の行われた日時、場所またはその内容の詳細…（中略）…についてちいち具体的に判示することを要」しない（練馬事件、最判昭33・5・28刑集12・8・1718）。
② 「練馬事件の判示は、共謀（判例上『共同犯行の認識』、『意思の連絡』、『通謀』、『謀議』等と表現されることもある）について、…（中略）…謀議『行為』が必要と解される余地もあるが、…（中略）…共謀とは謀議行為自体ではなく、共謀者の『実行行為時における犯罪の共同遂行の合意』とされ

ている」(小林充・植村立郎編『刑事事実認定重要判決50選（上）』〔立花書房、2005年〕215頁［菊池則明］）
③　「共謀とは単なる意思の連絡ではないし、他人（実行者）の犯行の認識・認容では足りない」(小林充・香城敏麿編『刑事事実認定（上）』〔判例タイムズ社、1994年〕343頁［石井一正・片岡博］、石井『刑事事実認定入門』〔判例タイムズ社、2005年〕123頁）

　どうでしょうか。修習生に、これらを統一的に理解せよと言っても、なかなか無理ではないでしょうか。共謀・謀議・謀議行為・意思の連絡・共同遂行の合意等々、同じなのか違うのかはっきりせい、と言いたくなりますね。
　そこで、修習生にどう説明すべきか内心的試行錯誤の末、刑裁・検察教官にはない弁護士教官の武器、すなわち民事的発想、特に「要件事実論」を利用して以下のように説明することを思いつきました。

①　「謀議行為」や共犯者間の関係・役割、動機、徴表行動などを、評価としての「共謀の成立」を推認させる間接事実として位置づける。
②　次に、①で推認されたその「共謀の成立」自体を、要証事実としての「共謀の存在」を推認させる間接事実として位置づける。

　①は、要件事実論における「評価根拠事実と規範的要件事実との関係」になぞらえたものですし、②は、「権利発生原因事実と権利存在との関係」（いわゆる慣性の法則）になぞらえたものです。成立と存在とを分けて、個々の間接事実と「共謀の存在」との間に、「共謀の成立」という中間命題を掲げ、「存在」を推認させる間接事実として位置づけたのがミソでしょうか。
　ついでに、起訴状に「共謀の上」とだけあっても、実務上、共謀成立時期としては、「事前共謀または現場共謀」と主張していると考えざるをえないから、論理学的には双方を否定しないと共謀を否定したことにならないよ、という説明も加えました（ド・モルガンの法則。皆さんも中学校くらいで習いましたよね）。
　以上を図解したのが図表3です。左端の間接事実は、白表紙『刑事弁護実務』からの抜き書き（一部修正あり）です。
　ただ、修習生の中から、動機は「正犯意思」を推認するのではないかという意見が出ましたし、今見直すと、例えば「犯行後の正犯徴表行動」はストレートに

「共謀の存在」を推認させる間接事実として位置づけるべきか、と考えております。改良の余地は大いにありますね。
　ともあれ、「目から鱗が落ちました」という感想が寄せられたところを見ると、少なくとも感覚的には、修習生にとってわかりやすい説明だったと思われます。

　（追伸）
　さてさて、ふと横を見ると昨日和光で受け取り持ち帰ったまま手つかずの70通の起案の山。
　「早く採点に取りかかってね」と私に懇願しているような気が……。
　「そこに山があるから」頑張ります！

図表3 　共謀共同正犯の構造

※「共謀」をめぐる概念の整合的理解

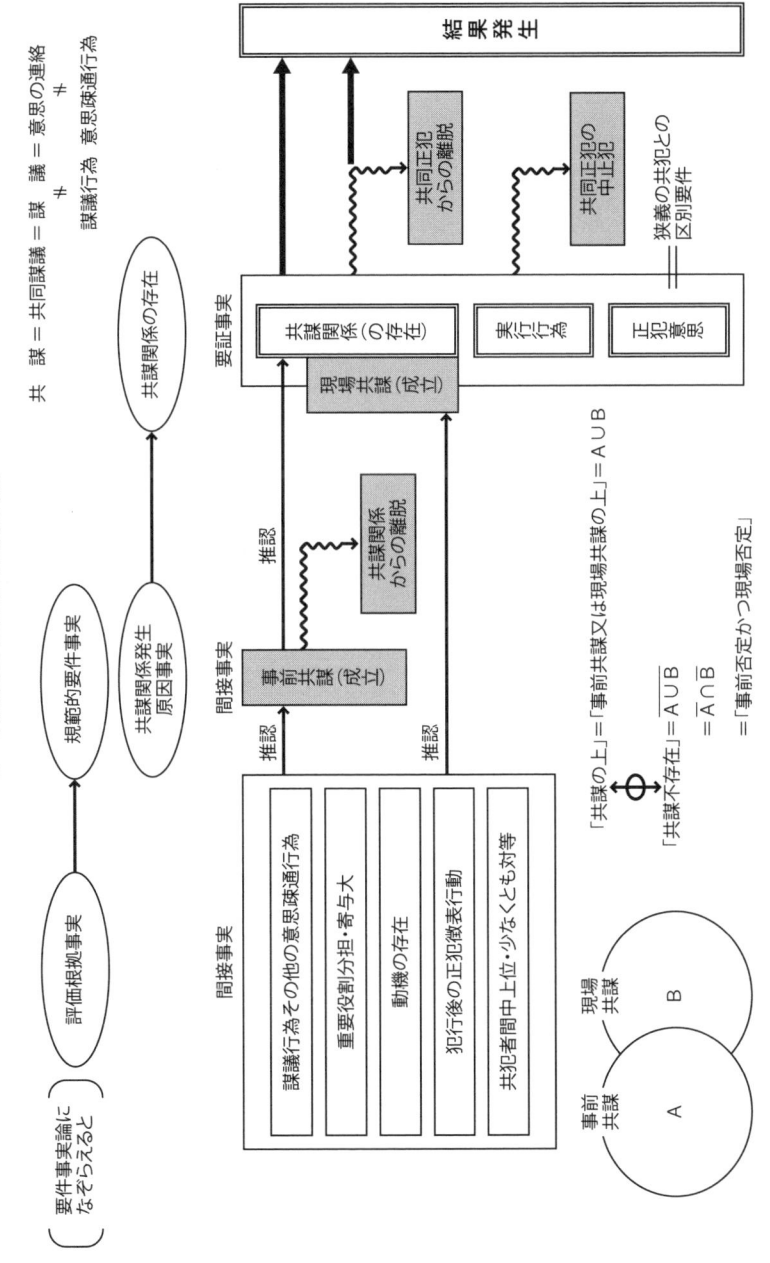

共　謀 ＝ 共同謀議 ＝ 謀　議 ＝ 意思の連絡
　　　　　　　　　　　　≠
　　　　　　　　謀議行為　意思疎通行為

```
                                                                    ┌──────────┐
                                                                    │ 結       │
                                                                    │ 果       │
                                                                    │ 発       │
                                                                    │ 生       │
                                                                    └──────────┘
                                                                      ↑  ↑  ↑
                                                        ┌─────────┐  │  │  │
                                                        │共同正犯 │～～│  │
                                                        │からの離脱│   │  │
                                                        └─────────┘   │  │
                                                        ┌─────────┐   │  │
                                                        │共同正犯 │～～～～│
                                                        │の中止犯 │      │
                                                        └─────────┘      │
                                                                          │── 狭義の共犯との
                                                                          │   区別要件
要証事実    ┌──────────────┬────────┬────────┐
            │ 共謀関係（の存在）│ 実行行為 │ 正犯意思 │
            │  現場共謀（成立） │        │        │
            └──────────────┴────────┴────────┘
                    ↑
              （共謀関係の存在）
                    │推認
            ┌─────────┐
            │共謀関係 │
            │からの離脱│
            └─────────┘
間接事実    ┌──────┐
            │事前共謀│
            │（成立）│
            └──────┘
              ↑推認        ↑推認
     ┌────────────────────┐
     │謀議行為その他の意思疎通行為│
     │重要役割分担・寄与大        │
     │動機の存在                  │
     │犯行後の正犯徴表行動        │
     │共犯者間中上位・少なくとも対等│
     └────────────────────┘
```

（要件事実論になぞらえると）

評価根拠事実 → 規範的要件事実
共謀関係発生原因事実 → 共謀関係の存在

「共謀の上」＝「事前共謀又は現場共謀の上」＝A∪B
　　　　　　　　　　　　　　　　　　＝Ā∩B̄

「共謀不存在」＝Ā∪B̄　　＝「事前否定かつ現場否定」

事前共謀 A　　現場共謀 B

和光だより(号外)

共謀成立は厳格に

2007.10.10

　皆さんおはようございます。
　和光だより(6)のような長い文章を最後まで読んでいただき、なおかつご意見・ご感想を多数お寄せいただき感謝しております。有難うございました。

　さて、研修所の実際の講義では、時間の関係と修習生のレベルを考えて、深入りせずに措いた点があります。それは、現在の共謀共同正犯に関する判例理論が、従来考えられていた枠を超え、どこまでも拡張していく危険が存するという点です。
　その典型が、最決平15・5・1刑集57・5・507いわゆるスワット事件、最判平17・11・29判例集未登載事件です。これらに対しては、何十年も前から共謀共同正犯肯定論を支持し、いわば判例を擁護し続けてきた共同意思主体説の西原春夫教授からも、「到底容認することのできない」ものと批判され、警鐘が鳴らされるに至っています(刑事法ジャーナル3号〔2006年〕54頁)。そこには、杉本会員ご指摘の「素朴な処罰感情」が前面に出てきている印象があり、このままでは歯止めがきかなくなるおそれさえあります。
　共謀共同正犯として有罪判決を受けたのがいずれも暴力団組長ですので、世論が騒ぐこともそれほど期待できない以上、学者・刑弁実務家が判例の動向を監視していかざるをえないのではないでしょうか。その意味で、従来の学説が、どちらかというと肯定か否定か択一の議論に終始していたのを、今後は確固たる判例理論・多数説である共謀共同正犯肯定論に立脚し、しかしその「共謀」の認定にあたっては厳格な態度で臨む、という姿勢が求められていると思われます。
　現在、共同正犯の処罰根拠をめぐる我々の受験通説であった犯罪共同説の「一部実行全部責任」の法理は、すでに幻想の彼方へ追いやられています。しかし、実行行為性からの絞りがかけられないとしても、これに代わる絞りをかけなければ、共謀共同正犯が無限に拡大する危険がありそうです。
　私の試論「共謀共同正犯の構造」も、この観点から理解してもらえると有難い

と考えています。例えば、

「兄貴分から命令されて嫌々『謀議行為』に毎回参加したやる気のない末席のペイペイの不良が、いざ犯罪実行という段階で、勝手に現場に行かず家で不貞腐れていた」

というようなケースで共謀共同正犯を否定する弁護を考えてみましょう。
　従来の考えでは、こいつは謀議行為に毎回参加していますから、おそらく「共謀関係からの離脱」の問題として、その要件である「離脱者が他の行為者に離脱意思を表明し、他の者がこれを了承したこと」の主張立証が必要となるという考えに結びつきそうです。
　しかし、こいつはこの要件を充たさないでしょうね。
　ただ、試論のように考えれば、中間命題としての「共謀の成立」という間接事実を意識することで、共謀者間の関係や役割等の認定から、そもそもこのペイペイの不良と他の謀議者との間では「共謀は成立していなかった」とだけ言えればいいことになります（共同意思主体説からすれば、共同意思主体の一員とはならなかったということになりましょうか）。
　この限度で共謀の認定を厳格にできるように思われます。

和光だより(7)

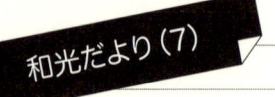

エピソード系雑談風に

2007.10.19

　おはようございます。めっきり秋めいてまいりましたね。夕方、司法研修所前のバス停では、草叢からささやくような虫の音が聞こえてきます。
　今回は、エピソード系雑談風読み物ですので、軽く読み流してください。

　10月15日は、起案1（弁論要旨）の講評でした。この日は、講評で返却する採点添削済み起案70通を朝研修所に持ち込み、昼からその講評をし、夕方に今度は修習生がこの日の午前中に書いた演習1（準抗告）の新しい起案70通を採点のため持ち帰るという、「A HARD DAYS NIGHT」でした。
　この「起案持込み持帰り」は前からわかっていて、また、たまには修習生をお酒に誘おうかなどと考えながら眠りについたせいでしょうか、前日の夜中に「起案を持ち帰る途中で修習生と飲んで酔っ払い、帰宅して寝た後にそれをどこかに置き忘れたことに気づいて跳び起きた」という、身の毛もよだつ悪夢を見て跳び起きました。
　こういう時、普通ならすぐに「夢でよかった」となるところですが、なにせ寝床から「跳び起きた」のが夢か現実かわからない状態でしたので、わざわざ隣の部屋まで行って起案の存在を確認したという、嘘のような本当のお話です。
　講評では、時系列に並べて順に説明しても面白くないので、ここは映画の手法（『七人の侍』をイメージ）を取り入れて、ワンシーンごとに人物や大道具・小道具を登場させ、供述のおかしなところを指摘させるというやり方を試してみようと考えました。
　そこで、そのために使う小道具として、ホワイトボードに貼る人の顔や車などの絵を薄いマグネットシートに貼る夜なべ作業をしているところを娘達に見られ、「お父さん小学校の先生みたいだね。でもこういうやり方だとわかりやすいんだよね」などと勇気づけられました。
　このクラスでは、「今日は近くの『とんでん』で夕飯を食べて帰る予定だから、ビールの一杯でも飲みたい人はおいで」と水を向けておいたところ、質問タイムを

終えて店に入ったら、すでに8人の連中がテーブルについていたことがありました（さすがに注文まではしていなかった）。

　同じことを、前の現行60期の連中にも言ったことがあるのですが、その時はなかなかやって来ず、私が1人で大ジョッキ3杯を飲み終えて、10時頃あきらめて帰ろうとトイレに立ち、席に戻った時にやっと6人来たという苦い（？）経験がありましたので、クラス（修習地）によってこうも違うのかと驚きました。

　今回そこでの話の中で「教官の今日の講評を聞かせていただいて、なんだかこれからの刑弁の起案は完璧に書ける気がしてきました」とか「教官が前に持たれたクラスが二回試験の刑弁で1人も落ちなかった理由がよくわかりました」などと、半分以上がリップサービスでも殊勝なことを言われると、それでなくとも高いテンションをさらに私も上げざるをえず、特別サービスとして「発想の転換クイズ」などを出題して盛り上がってしまいました。

　どうしてクイズがあったかって？

　いつでもどこでも誰にでも使えるように常に持ち歩いているのです。

　帰りは全員でバス停まで見送りに来て、万歳三唱をしてくれました。大阪人おそるべし！　彼らになら「夕陽に向こうて走るんやで！　けど、勉強もしっかりせえへんとあかんでっせ」（どこの言葉？）と言えそうな気配です。

　その後、和光市駅前で飲んでいた同僚の舩木教官・渡辺教官に合流し、真っ先に「大木先生ご機嫌だね」などと言われたので、この話をすると大変羨ましがられました。

　たまにはこういうこともないと。

和光だより(8)

言って聞かせた例②——自白の信用性

2007.10.30

　今回は「言って聞かせ」た例②です。少し長くなります。
　新60期集合の起案1では、「自白の信用性弾劾」を扱いました。
　白表紙『平成18年版　刑事弁護実務』314頁以下には、過去の裁判例等の分析を通じ、自白の信用性判断基準として、次の5項目が挙げられています。

①　客観的証拠との整合性
②　自白をなすに至った経緯、動機等
③　自白内容の変遷
④　自白内容の合理性
⑤　秘密の暴露の有無

　しかし、その説明は若干わかりづらいらしく、誤解している修習生が大勢いることが採点していてわかりました。
　例えば、今回の起案で「○○という自白内容は、△△という客観的証拠と整合せず、経験則上不自然不合理である」などという、一見わかったようでわからない記述が見受けられました。これなどは、第1基準と第4基準の区別がついておらず、なおかつ不合理と不自然をごっちゃにして使ってしまっていますね。
　そこで例によって、私の中の「図解の虫」が騒ぎ、なんとかわかりやすい全体構造を示してみようという気持ちになりました。

　　1　その前提として、第1基準に言う整合性の比較対象は、果たして「客観的証拠」(物的証拠)でいいのかどうかを考えてみました。

　　(1)　まず、2つの事物を比べるときは、同じ土俵のものを比べるのが通例ですね。違う土俵のものを比べても意味がない。ですから、自白に現れた「事実」と比較するのは、客観的「証拠」ではなく、同じ土俵上の「事実」だとするのが妥当

と考えたわけです。
　この点をわかりやすくするために、

「殺人事件の犯人とされた被告人の自白中に、『包丁で腹をめった刺しにした』という供述があるのに、着衣が『白いシャツ』のままだった」

という例を挙げて説明しました。
　この場合、よく考えて見ると、「白いシャツ」という物的証拠が自白内容と不整合だと捉えるわけではなく、「着衣に血痕が付着していない事実」が不整合だと考えるのでしょうね。
　同じことは、「逃走中に泥道で転んだ」という自白がある場合や、「雨の中を逃走した」という自白がある場合に、同じく白いシャツが提出されたとしても、前者については「着衣に泥が付着していない事実」、後者については「着衣が濡れていない事実」という想定された事実が、それぞれ比較対象になることからもわかると思われます。
　このあたりを図解すると図表4になります。

(2)　次に実際問題として、物的証拠とはいえない「供述証拠」から証明される事実であっても、例えば、

「利害関係のない複数の証人が、それぞれ独立して別個に同じ事実を証言しているとき」

などは、いわゆる「動かし難い事実」＝「客観的事実」として、この事実と異なる自白内容は信用できないと言っていいはずです。

(3)　以上から結局、第1基準は、客観的「証拠」との不整合ではなく、客観的「事実」との不整合として捉えるべきであり、その事実を証明する証拠は、「客観的証拠（物的証拠）」に限られないが、これに準ずる確実なものに限定されるのだと考えました（もちろん、まだ刑弁教官室の一致した結論ではありませんので、私の試論という留保付きで説明）。

2　次に、その第1基準と第4基準との違いは、次のように考えると理解しやすいと説明しました。すなわち、複数の自白が存在する時に、それらが形成する1つの宇宙を観念し、その「宇宙の中」で自白内容が、矛盾・不合理・不自然な場合を捉えたのが第4基準であり、他方、自白内容とその「宇宙の外」にある客観的事実との不整合を捉えたのが第1基準である、という棲み分けを提案しました。
　これで、第1基準と第4基準が重複して適用されそうな、わかりにくい事態を避けることができました。
　以上の説明に「自白内容の変遷」や「秘密の暴露」等の基準を含めて図解すると、図表5になります。

　3　ついでに、第4基準の中の「矛盾」は、Aと非Aだから理屈は要らないが、「不合理」は理屈に合わないという意味だから、どんな理屈（論理法則）に合わないのかを具体的に示さないと説得力に欠けるよと教えました。その例としては、記憶法則とか確率法則、集合論などを念頭に置けばいいでしょう。
　また、「不自然」というのは、論理的にはありうるが、当該情況に置かれた人物の行動としては不自然ということだから、単に「経験則上」の一言で済まさず、逆にどんな行動が自然なのかを指摘しないと説得力がないよ、と説明しました。例えば、

　「放火犯人が室内に火を点けてから、何分もその場に潜んでいたのは経験則上おかしい」

と指摘したいのなら、それだけで済まさないで、

　「特段の事情のない限り、犯人は犯行後一刻も早く現場を離れたいと思うのが自然であり、まして室内放火の場合は火災による身の危険が間近に迫ってくるのだからなおさらである。愉快犯がいったん現場を離れてから、興味本位で火事見物に戻るのとは事情が異なる」

ってな具合で論じてもらいたいわけです。
　これらはあくまでも試論ですが、起案にあたって本来悩む必要のないところで

修習生が悩むのを見ていて、思わず気合いが入ってしまったようです。
　なお、自白の信用性に関してはさまざまな論稿が出ており、必ずしも刑弁実務の上記5基準に収まりきれない部分があるので、さしあたり私としては、第6番目に少なくとも「その他の基準」という項目を立てる必要があるのではないかと提案しているところです。
　「自白内容の変遷」についても面白い話をしたのですが、それはまた機会があれば。

図表4 信用性第一基準の比較対象

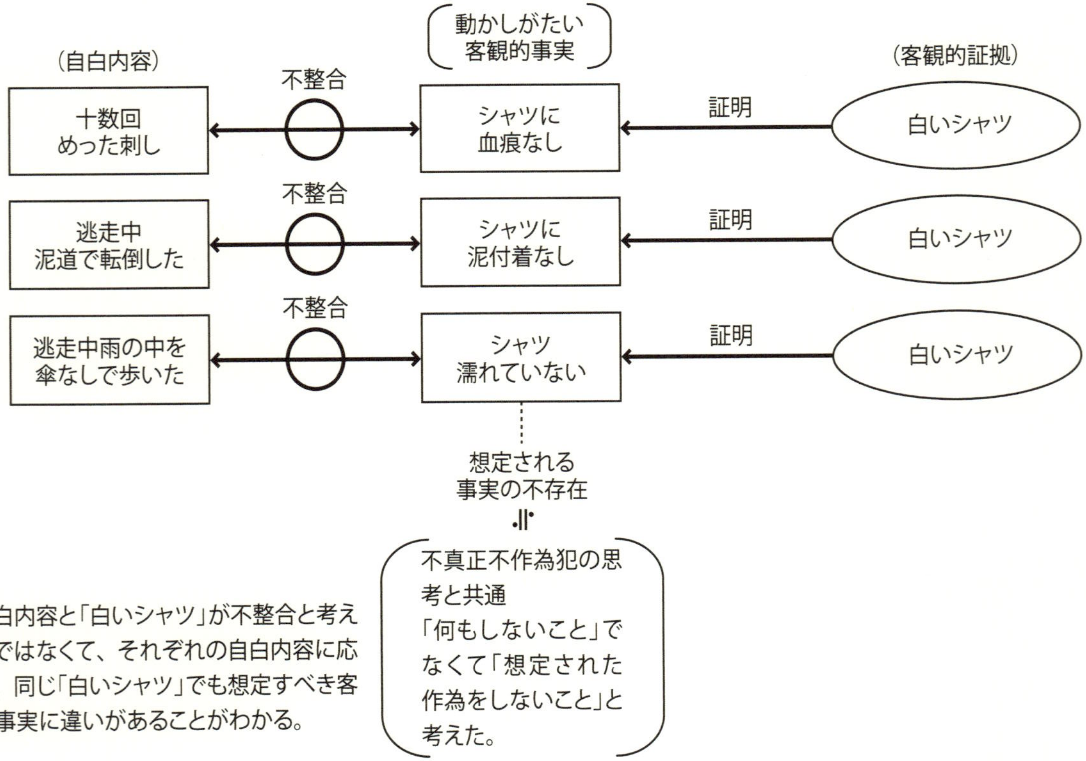

(客観的証拠)
- 白いシャツ
- 白いシャツ
- 白いシャツ

↓ 証明　↓ 証明　↓ 証明

(動かしがたい客観的事実)
- シャツに血痕なし
- シャツに泥付着なし
- シャツ濡れていない

＝想定される事実の不存在

↑不整合　↑不整合　↑不整合

(自白内容)
- 十数回めった刺し
- 逃走中泥道で転倒した
- 逃走中雨の中を傘なしで歩いた

不真正不作為犯の思考と共通
「何もしないことで」想定されたなくて「想定された作為をしないことと」考えた。

※ 自白内容と「白いシャツ」が不整合と考えるのではなくて、それぞれの自白内容に応じて、同じ「白いシャツ」でも想定すべき客観的事実に違いがあることがわかる。

図表5　自白の信用性判断基準の全体構造図

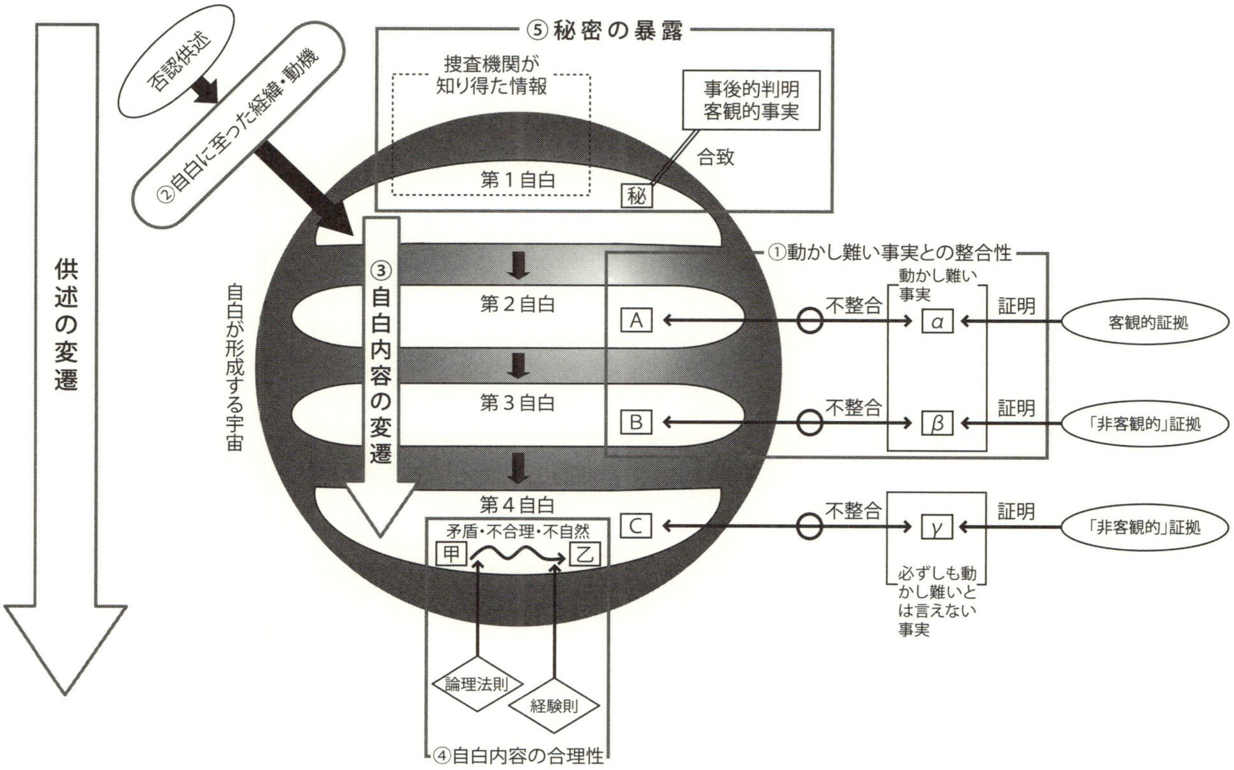

和光だより(9)
させてみせた例──記録の読み方

2007.11.16

　早いもので、昨日、新60期9組の最終講義を終え一息ついたところです。
　最終講義のさらにその最後に、修習生に贈る言葉として「人の心の痛み」のわかる法曹になってほしいという思いを強く伝えました。69人のうち何人の心の琴線に触れられたでしょうか。卒業10周年の時に、一人でもこの言葉を覚えていてくれたら私の勝ち、くらいのつもりですが。

　さて、今回は「させてみせ」た例です。
　二回試験を強く意識しだすのが、起案2に取りかかる頃ですね。その段階になると、実際に弁論要旨の構成はどうするのがよいのかとか、白表紙記録を読むのに精一杯で、文章作成の時間が絶対的に足りないがどうしたらよいかとか、実際的な質問が多くなりました。
　そこで、記録はなにも最初の1頁から最後まで順に読まなくてもいいんだ、構成や文章が練り上がってから書き始めるのではなくて途中で一部書き出してもいいんだ、というところから始まって、見出しのうまいつけ方まで一通り教えることにしました。
　もちろんこんな瑣末な、技術的というか小手先の問題は教官室で議論するはずもないので、図表6を使っての説明となります。しかし、これを教えた後の起案2では、何人かが実践し、好成績につながったようです。
　実のところ、このようにきちんと書いてもらえると、教官サイドも採点しやすいという副次作用もあるのですね。見出しがないと何を書いているのやらさっぱりわからんという類の文章もあるわけで……。見出しで書く内容を予告してもらえると有難いわけです。
　その他、大幅な訂正の際に、初めから全部書き直す時間はないから、改頁を有効に使って、テンポよく書きなさいと指導しました。

　昨日の教室では、10名弱がマスクをしていたようで、風邪が流行っているよう

です。特にうちのクラスは、ほとんどの者が寮に入っており、寮は風邪の菌がすぐに広まり感染しやすいので注意が必要です。

　現行60期の時は真夏の猛暑でぶっ倒れないか心配でしたが、今回の新60期は風邪の心配に変わりました。普段の実力を十分に発揮して、二回試験を突破してもらいたいものです。

図表6　記録の読み方と起案のポイント

弁論要旨

平成　　　　
御中
被告人　　　　㊞
弁護人
○○被告事件

1
　第1　総論
　　(1)　検察官の主張立証関係
　　(2)　弁護人の主張立証関係

2
　第2　○○○○←大見出し
　　　　柱書き
　　1　△△△△←中見出し
　　　　柱書き
　　　　①——②——③
　　(1)
　　(2)
　　(3)　□□□←小見出し
　　　　柱書き
　　　　ア　(ア)
　　　　　　(1)
　　　　イ

　第○　結論
　　1
　　2

※ ①記録表紙、②起訴状、③公判調書(手続)(訴因変更に注意)、④公判調書で、頭書きを「機械的に」書き、「総論」のページを、「結論」のページを用意する。

※ 「第1　総論」には、例えば「敵を知り己を知っている」ことを示せばOK。

※ 記録は、①～③の次に、④カードの被告人の員面・検面に対する意見、⑤公判調書(供述)は被告人主張の順に読み、検察官主張と被告人主張の枠を設定してから、⑥甲号証、⑦乙号証、⑧証人尋問調書等の順にチェック。

※ 付箋の利用工夫必要。

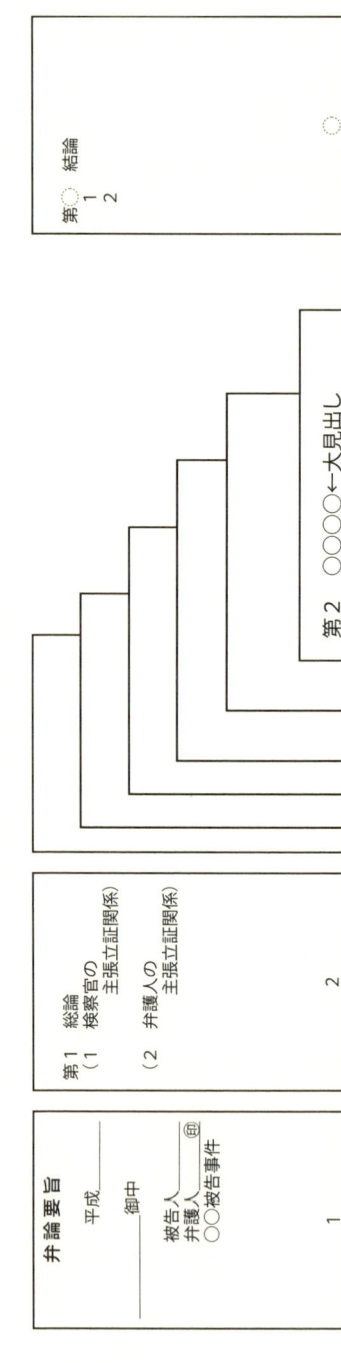

※ 見出しはわかりやすく「体言止め」で、少なくとも、大・中・小レベルに分けて。

※ 項の付け方は左のとおり。①②③は、項ではなく文章中で分類が必要な時に用いる。

※ 柱書きは、見出しを文章化して敷衍した内容。

※ 柱書きに項番号を振ると、その中の①②③が、各論では(2)(3)(4)となって、1つずつずれてしまう。そこで柱書きには番号を振らないことにすれば番号と字数を一致させることができ、読みやすい。

和光だより(10)

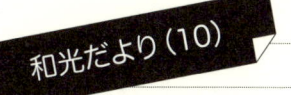

講義内容アンケート②

2007.11.27

　木枯らしが身に沁みる季節がやってまいりました。和光の司法研修所の前庭にも、枯葉が降り重なっています。
　ようやく新60期二回試験の採点、合否判定会議が終わりました。修習生は例によって、すでに全国に散らばりつつあります。今回は、試験期間中に3連休が入ったので、猛暑5日間ぶっとおしの現行60期の時よりは少し余裕の日程でした。
　修習生にとっては、連休後が民事弁護1科目だけだったのがもったいない気もするでしょうが、それは贅沢というものでしょうね。
　うちの9組はどうだったか、また前回涙を飲んだ再試験組はどうだったか、大変気にかかるところです。最終結果の発表は12月中旬です。

　さて、今回も最終講義の後、無記名で独自アンケートを実施しました。
　結果は前回とほぼ同様で、図解や語呂合わせが人気を博し、「刑事弁護が思っていたよりも理論的なのを知り驚いた」という意見も寄せられました。法律に基づいて弁護する以上、法解釈は避けて通れないはずなのですが、どうも修習生のイメージでは、「刑事弁護は、ガンガン無罪を主張しさえすればいい」というような誤解・デマが飛び交っているようで残念です。
　また、前回の反省から、起案は講評の最初に返却したところ、それに気をとられて話を聞くのが疎かになるということもなかったようで、ほっとしました。
　面白い回答として、前回とは逆に、「パワーポイントを使わないでよかった」という意見もありました。パワポを使う他の科目では、少しでも多くの情報を伝えようと画面が次々に変わりますので、映っている瞬間的時間内では、どうしてもノートが追いつかず、あとで教官に質問するほかないようです。
　私の場合は、板書一筋。しかも未完成の図を、ローでソクラテス・メソッドをかじってきた修習生達に質問して、ブランクを埋めていく形ですので、ノートが追いつかないという事態はないようです。その代わり、修習生の答え次第では、当初の予定図と異なった図解になる可能性もあり、それはそれで面白いところです。

他に、「図をたくさん板書するならプリントとして配ってほしい」という意見もあり、まことにもっともな意見だと思います。ただ、現在の刑弁教官室の考えでは、配布資料は全員共通のものを最小限、というしばりがあり、どちらかと言うとオリジナルを示さないと意味がない私の図は、その範疇からはみ出てしまうようです。以前示したいろいろな図も、私のクラスだけすべてフリーハンドで板書したものでした。

　（追伸）
　さあ、これで次の現行62期前期が来る来年4月まで、しばらく起案の採点添削講評から離れられると思いきや、現在実務修習に入っている新61期に対する、1月7・8・9・10日の名古屋・福井の出張講義、15日の東京出張講義があり、その事前課題の起案が12月初めに150通ほど送られてきます。その他、合間を縫って、2月には新しい白表紙記録の収集に地方回りをしてきます。
　このように忙しい日々ですが、前述のアンケートのコメントには、教官に対する感謝の気持ちが多く綴られていて、勇気が湧いてきます。

　さて、次はどんな修習生に出会えることやら。
　まだまだ旅は続きます。

和光だより(11)

二回試験の結果を受けて①

2007.12.21

　今回の二回試験の結果が18日に発表になりました。
　さまざまな憶測が飛び交っていたようですが、結局受験者1,055人中、不合格者は延べ99名でした。重複者がいるので、それを整序すると、全体で76名になるようです。
　嬉しいことに、私の前のクラスの再試験組7名（私は彼らのことを「七人の侍」と呼んでいました）は、無事、全員合格を果たしました。

　ところで、大分前に杉原会員にお約束した分析ですが、各新聞でもいろいろなニュアンスで報道されているようですね。取り上げる数字も各社まちまちで、新旧制度混在の複雑さを物語っているようです。
　例えば、読売は、「法曹界に転身組次々」という見出しで、医師・公認会計士・生化学者のコメントを載せています。ところがどっこい、少なくとも私のクラスは、ほとんどが学部からそのままローに進んだ者や、法学部を出ていったん企業や役所に短期間勤務した後ローに進んだ者ばかりで、「華麗なる転身組」は見当たりませんでした。
　今回は既修組だけで、しかも暫定的に導入修習を1カ月実施した期なので、新制度の分析が可能になるのは、本当は未修組が混ざる来期の新61期からかもしれません。その中には華麗なる転身組が多く含まれているのでしょうか。
　とはいえ、この段階での個人的感想を若干述べれば、ロースクールで鍛えられているせいか、講義中の発言は活発な者が多いですね。指名してみると結構しっかりした答えが返ってくるし、指名せずとも手を挙げて積極的に発言する者の数は、現行期のクラスより多い気がします。
　ただ、法律的文章の作成となるとなかなか微妙な気がします。

　実は昨日、日弁連の「弁護実務修習指導に関する連絡協議会」（弁修協）が開かれ、司法研修所教官として参加させていただきました。そこでは今回の二回試

験の結果と、それを踏まえて実務修習でどう指導すべきかについて、委員の方々から鋭い質問が矢継ぎ早に投げかけられました。

　それに対する回答の一つに、不合格起案を見ると、起案の書き方以前の民法・民訴法・刑法・刑訴法という基本的な実定法の理解が不十分という指摘が複数の教官から出ました。

　このあたりは、ロースクール教育で言うと研究者教員が担当する分野であろうと思われますが、実務家教員担当の例えば「演習」においても、基本的な理解をしつこいほど確認しながら進んでいってもらえるとよいのではないでしょうか。

　今年1年有難うございました。来年も和光だよりをよろしく。
　それでは皆さんよいお年を！

和光だより(12)

新61期出張講義——殺意の認定

2008.1.11

　明けましておめでとうございます。
　本年もどうぞよろしくお願い申し上げます。
　昨年の世相を象徴する漢字は「偽」だったそうですが、私の場合は、やはり「忙」でした。しかし、今年は起案担当が若干減る予定ですので、「忙中閑あり」の「閑」といきたいところですね。

　さて、新61期に対する出張講義で、正月明けの8日から11日にかけて名古屋・福井に遠征し、先ほど帰ってまいりました。
　名古屋からの移動日の空き時間を使って、永平寺・丸岡城（現存する最古の天守閣）に行ってみました。やはり、木造建築はいいですね。永平寺では、僧侶達が読経で吐く息が白く、ピンと張り詰めた空気を肌で実感できました。
　この出張講義は、今回から導入されたものです。新60期は、暫定的に「導入修習」として研修所で1カ月の集合修習があったのですが、新61期からはそれもなくなったために、「いくらなんでもいきなり実務修習に放り出して、研修所に来て1カ月半で二回試験というわけにはいかんだろう」という配慮から決められたようです。
　刑弁教官室としては、実務修習中に争う事案にまったくぶつからない者もいることを想定し、事前に争う事案の起案をさせて、当日その書き方の講義をするという企画を立てました。
　修習生も、実務修習が始まって1カ月余で初めて聞く教官の講義なので、モチベーションが高く、みな目を輝かせていたようです（各地の懇親会の二次会、三次会の出費が結構痛いものでしたが……）。

　今回は基本中の基本、「殺意の認定」が大きなテーマでした。
　情況証拠から殺意を認定する手法は、『刑事弁護実務』にも書かれていますが、その説明が修習生にとって必ずしもわかりやすいものではないように思われまし

た。
　例えば、「創傷の部位」については、333頁に、

「身体の枢要部の損傷であれば、それ以外の部分の損傷に比べて死につながる可能性が高いので、攻撃の部位が枢要部である場合には、行為者が殺意を抱いていたと推認されやすい」

と書かれています。
　また、大野市太郎判事執筆の「殺意」（『刑事事実認定（上）』3頁）には、

「一般的には、創傷の部位、従ってまた行為者によって加えられた攻撃の部位が右の枢要部分である場合は、そうでない場合に比べ、行為者が殺意を抱いていた余地が大きいと言い得るのであり、この意味において、創傷の部位いかんは殺意認定の有力な基準となるといえよう」

と書かれています（※大野判事は現司法研修所長！）。
　それはそのとおりなのですが、なぜ客観的に身体枢要部に傷があることが主観面の殺意に繋がるのかまでは触れられておらず、若干わかりにくいかもしれません。
　そこで、上記の点を意識しつつ、もう少し分析的に考えることにして、試みに、(A)創傷の部位・(B)創傷の程度・(C)凶器の種類・(D)凶器の用法に限定して、殺意肯定の典型的な推認過程を若干デフォルメして示し、概略以下の説明を試みました（厳密に言うと、さらに細分されるのでしょうが）。

(A)　創傷の部位
　　　（間接事実1）　（推認1）　（間接事実2）　（推認2）　（要証事実）
　　　身体枢要部に創傷　→　身体枢要部を狙った　→　殺意あった
　　　　　　　　　　　（おそらく）　　　　　　　（おそらく）
(B)　創傷の程度
　(a)　（間接事実1）　（推認1）　（間接事実2）　（推認2）　（要証事実）
　　　創傷深い　→　力を込めて刺した　→　殺意あった
　　　　　　　（おそらく）　　　　　　（おそらく）

(b) （間接事実1）　　（推認1）　　（間接事実2）　　（推認2）　　（要証事実）
　　　創傷数多い　　　→　　　執拗に刺した　　　→　　　殺意あった
　　　　　　　　　　（おそらく）　　　　　　　　（おそらく）

(C)　凶器の種類
　　（間接事実1）　　　（推認1）　　　（間接事実2）　　（推認2）　　（要証事実）
　　性質上の凶器を使用　→　殺傷力が高いもの選んだ　→　　殺意あった
　　　　　　　　　　（おそらく）　　　　　　　　　（おそらく）

(D)　凶器の用法
  (a) （間接事実1）　　（推認1）　　（間接事実2）　　（推認2）　　（要証事実）
　　　体ごとぶつかった　→　　力を込めて刺した　→　　殺意あった
　　　　　　　　　　（おそらく）　　　　　　　　（おそらく）
  (b) （間接事実1）　　（推認1）　　（間接事実2）　　（推認2）　　（要証事実）
　　　攻撃回数多い　　　→　　　執拗に刺した　　　→　　　殺意あった
　　　　　　　　　　（おそらく）　　　　　　　　（おそらく）

　それぞれの「おそらく」は経験則からする推認です。このように、中間に行為者の意図した主観的事情を挿入することで、先ほどの「なぜ」に答える形にしたのがミソでしょうか。
　この例に限らず、『刑事弁護実務』その他の文献には、上記の間接事実2にあたる「中間命題」（媒介項）の説明が若干不十分な場合が多いので、例えば殺意を否定する側の主張の位置づけがイマイチわかりにくいようです。
　前記大野判事執筆「殺意」にも、創傷の部位の項では、「しかし」として、以下、

「ここで留意すべきことは、創傷の部位から殺意を推認できるのは、行為者において創傷の部位を認識しながらあえて攻撃に出た場合に限られるということである」

と注意的に言及し（同書3頁）、また、創傷の程度の項でも、

「なお、創傷の程度を問題にするにあたっては、常にそれが行為者の予期し得た範囲のものであるか、すなわち、現実の創傷の程度は行為者の攻撃の強さ以外の要素が加わって行為者の予期しない程度に達したのではないかということに

ついての考慮を怠ってはなるまい」

と注意的に述べられていますが(同書5頁)、それら行為者の「認識」ないし「予期」が証拠上あるいは事実認定上どこに位置づけられるかについてまでは、必ずしもわかりやすい説明がなされていないようです。

　本当は、個々の客観的事実から「殺意」に至る前に、行為者のある一定の主観的事情を推認し、それら主観的事情を総合評価して、最終的に「殺意」が認定できるかどうかを判断する、という段階を踏むのがわかりやすい判断過程だと思われます(分析と統合)。この段階を明確に意識することによって、それぞれの推認を妨げる弁護側主張事実も適切に位置づけられるのではないでしょうか。

　例えば、「身体枢要部に創傷」から「身体枢要部を狙った」への推認を妨げる主張(＝弁駁)としての、「もみ合ううちに偶然枢要部に刺さった」という主張は、「身体枢要部に創傷」を認めつつ、それからする推認を妨げるという意味ですから、わかりやすく民事に喩えるなら、むしろ下の図でいう「間接反証」でしょうか。

再間接事実	→	間接事実	→	要証事実
↑		↑		(主要事実)
間接反証事実		間接反証事実		

　このように整理することで、どこが争点なのか、また検察立証を弾劾するポイントはどこなのかが把握しやすくなるのだと修習生に説明しました。

　今後は、民事要件事実論の手法もある程度取り入れて、証拠構造の分析や立証責任分配の議論に生かしていくべきではないかと考えています。そうすることで、これまで「総合評価」というブラックボックスの中で行われていた裁判官の作業を、今後は白日の下でオープンにすることが可能になるのではないでしょうか。そうしてこそ、裁判官の判断が適正であったかどうかの事後的検証も可能になるはずですから。

　新年早々細かい話で恐縮でした。本年もこの和光だよりをどうぞよろしく。
　さてさて、15日にはまた出張講義最終予定として東京修習組に和光で講義してまいります。

和光だより（13）

記録収集とリーガル・ミステリー

2008.2.10

　早いもので教官内定から1年、力及ばず「捲土重来」年賀状を出してからは2年、教官就任に名乗りを上げようという最終決意からだと、もう3年になります。「伝説の教官」を目指し、初志貫徹でいきたいと思います。

　2月8・9日と、白表紙記録収集のため地方出張に出かけてまいりました。出張先まではちょっと……。機密事項です（？）。中国製冷凍餃子が大きなニュースになっていますが、美味しくて安全な餃子をいただいてまいりました……。
　現在、司法試験合格者増および新旧修習併用で、どの教官室も白表紙記録の確保が大変です。
　刑弁教官室もご多分に漏れず在庫記録が枯渇しています。特に刑弁は、原則として争う事件で、公刊されておらず、かつ修習生に教えたい論点が入っているものという厳しい条件があるので、なかなかこれという記録にめぐり会わないのですね。
　皆さんが勝ち取られた無罪事件でこれだというのがありましたら、他に漏らす前にぜひ情報を！

　今回は、我々1年教官6名が3名ずつ二手に分かれて、それぞれ別の地検の記録係を訪問しました。私のグループは、まず厚さ10センチくらいの確定判決綴りをなんと29冊も見て、圧倒的大多数の有罪判決に混じって息を潜めている無罪判決・一部無罪判決・認定落ち判決を拾い出し、その中で修習生に学ばせる何かが備わっていて使えそうなダイヤの原石10件くらいをピックアップしました。そうしてそれぞれが拾い出した判決を、次に別の教官にも見てもらい、最終的に残った候補を記録して帰ってまいりました。
　今後は、研修所名で正式に記録取寄手続をし、届いた記録を対象にそのあと刑弁教官室でさらに絞込み作業がなされます。
　絞込みが終わると、その記録の余分なところを削ぎ落とし、実名を変名にする

などの作業を行うわけです。

　ダイヤモンドとしての白表紙記録が1冊でき上がるまでには、これだけ手間がかかっているのですね。修習生時代にはなかなかそこまで気づきませんでしたが……。

　ところで、あらためて数えてみたら、6月21日からのこの約8カ月間で、私の講義を聴いた修習生は4クラス、数にして286名になりました。
　嬉しいことにその中には、各期とも「尋問技術」に興味を持った一団が必ずいて、懇親会の時など、どうすれば尋問がうまくなるかが話題になり、私が面白おかしく経験談などを語ると大いに盛り上がります。
　私達が修習生の頃、尋問技術に関する本といえば、

フランシス・L・ウェルマン（林勝郎訳）『反対尋問の技術』（青甲社、1975年。
　　なんと序文によれば原著は1903年刊！）
戒能通孝『法廷技術』（岩波書店、1952年）
岸盛一・横川敏雄『事実審理―法廷に生かす証人尋問の技術〔新版〕』（有斐閣、1983年）

といった昔のものしかなく、それでも興味があったこの3冊は、線を引きながら何度も読んだ覚えがあります。他にも尋問技術の原理・原則を説いた本がないわけではありませんが、実例が載っていないものはまったく面白くなく、今では書名も忘れました。
　そこで、必然的に別の手段ということになり、私の場合は英米の「リーガル・ミステリー」が役に立ったようです。

　英米リーガル・ミステリーの作者は現役法曹や元法曹であることが多く、法廷場面では実際の手続を踏まえた上で、しかし誇張して面白く描いてくれており、作品によっては尋問の成功・失敗を主人公に語らせてくれるので、大変勉強になりました。
　弁護士になってから、それらは文字どおり趣味と実益を兼ねたものになり、ストーリーを楽しんだ後、参考になる尋問場面だけコピーをとって保管するまでになりました。

10年ほど前から、お薦めの英米リーガル・ミステリー一覧表を作り、それを更新し続けていたので、修習委員をやっていた頃から必ず修習生に披露してきました。
　特にお薦めは、スティーブ・マルティニ『情況証拠（上・下）』ですが、絶版になったのでしょうか、最近書店でお目にかかれないようです。
　それに代わるものとして、シェルドン・シーゲル『ドリームチーム弁護団』『検事長ゲイツの犯罪』もお薦めですね。

　なお、現在では次のような尋問技術に関する書物が多数刊行されていますから、これらも熟読すべきものとして各期の修習生に推薦しておきました。

　　キース・エヴァンス（高野隆訳）『弁護のゴールデンルール』（現代人文社、
　　　2000年）
　　「季刊刑事弁護」連載中の「事例から学ぶ証人尋問のテクニック」（のちに『実
　　　践！刑事証人尋問技術―事例から学ぶ尋問のダイヤモンドルール』として単
　　　行本化〔現代人文社、2009年〕）
　　日本弁護士連合会編『法廷弁護技術』（日本評論社、2007年）
　　佐藤博史『刑事弁護の技術と倫理―刑事弁護の心・技・体』（有斐閣、2007年）

　また、まだ紹介しておりませんが、最近「季刊刑事弁護」53号に「裁判員裁判における尋問技術」が特集されましたね。これなども参考になりそうです。
　研修所では、残念ながら「模擬裁判」や「公判演習」といった科目の中でしか話をする機会がないので、それ以外にもできるだけ折に触れて、尋問技術の話題を取り上げるよう努めています。

　まもなく裁判員裁判が始まります。
　果たして法廷の活性化は図られるのでしょうか。

【お薦めの法廷小説】

スティーヴ・マルティニ
『情況証拠(上・下)』角川文庫
『重要証人(上・下)』集英社文庫
『依頼なき弁護(上・下)』集英社文庫
『裁かれる判事(上・下)』集英社文庫
『弁護人(上・下)』講談社文庫

ヘンリー・デンカー
『復讐法廷』文春文庫
『判事スペンサー 異議あり』文春文庫

ウィリアム・ディール
『真実の行方』福武文庫

ジョン・マーテル
『訴訟(上・下)』ハヤカワ文庫
『断罪弁護(上・下)』徳間文庫

ウィリアム・J・コフリン
『逆転敗訴(上・下)』講談社文庫
『死刑宣告』光文社文庫
『不倫法廷』光文社文庫

ギャランティン・ウォーフィールド
『最終弁論(上・下)』扶桑社ミステリー文庫

フィリップ・フリードマン
『合理的な疑い(上・下)』ハヤカワ文庫
『採用できない証拠(上・下)』ハヤカワ文庫

J・F・フリードマン
『第一級謀殺容疑(上・下)』新潮文庫

ペリー・オショーネシー
『殺意を呼ぶフィルム(上・下)』
扶桑社ミステリー文庫

ハワード・E・ゴールドフラス
『裁判長が殺した』文春文庫

リザ・スコットライン
『売名弁護』講談社文庫
『最後の訴え』ハヤカワ・ミステリ文庫
『逆転弁護』講談社文庫

『逃げる女』講談社文庫
『代理弁護』講談社文庫

シェルビー・ヤストロウ
『遺言執行』集英社文庫
『高額慰謝料』集英社文庫

ダン・ゴードン
『告発』二見文庫

バリー・リード
『評決』ハヤカワ文庫
『決断』ハヤカワ文庫
『疑惑(上・下)』ハヤカワ文庫
『起訴』ハヤカワ文庫

クリスティン・マグワイア
『爆殺』扶桑社ミステリー文庫
『有罪宣告』扶桑社ミステリー文庫

W・ラシュナー
『敵意ある証人(上・下)』
扶桑社ミステリー文庫

デクスター・ディアズ
『夢で死んだ少女』角川文庫
『誤審』角川文庫

デボラ・チール
『告発の行方』徳間文庫

リチャード・スペイト
『法廷の銃声』新潮文庫

フィリップ・マーゴリン
『氷の男』ハヤカワ文庫
『炎の裁き』ハヤカワ文庫
『暗闇の囚人』ハヤカワ文庫
『黒い薔薇』ハヤカワ文庫

ジョン・レスクワ
『罪の貌(上・下)』創元推理文庫

ジョゼフ・T・クレンプナー
『殺意なき謀殺』ハヤカワ・ミステリ文庫

ウィリアム・D・ピーズ
『冬の棘』文春文庫

バーナード・I・レイズナー
『冤罪証明』光文社文庫

ジョージ・ドーズ・グリーン
『陪審員』ハヤカワ文庫

ジーン・ハンフ・コレリッツ
『洗脳裁判』角川文庫

ジェイムズ・ガブリエル・バーマン
『埋もれた真実』扶桑社ミステリー文庫

チェスター・オクスナー
『狙われた弁護士』新潮文庫

小杉健治
『法廷の疑惑』双葉文庫

ジョン・グリシャム
『評決のとき(上・下)』新潮文庫
『原告側弁護人(上・下)』新潮文庫

キャロリン・ウィート
『いま一度の賭け』ハヤカワ・ミステリ文庫

マーティン・マイヤーズ
『容疑者 偽りの法廷』二見文庫

ジョン・R・フィーゲル
『検屍解剖』新潮文庫

D・W・バッファ
『弁護』文春文庫
『審判』文春文庫
『訴追』文春文庫

ナンシー・テイラー・ローゼンバーグ
『炎の法廷』講談社文庫

アン・T・ウォラック
『裁き』講談社文庫

シェルドン・シーゲル
『ドリームチーム弁護団』講談社文庫
『検事長ゲイツの犯罪』講談社文庫

ダリアン・ノース
『黒い未亡人(上・下)』文春文庫

マイケル・マローン
『最終法廷(上・下)』ハヤカワ文庫

ロバート・トレイヴァー
『裁判(上・下)』創元推理文庫

ランキン・デイヴィス
『デッド・リミット』文春文庫

アラン・M・ダーショウィッツ
『運命の逆転』二見文庫

コリン・ハリスン
『裁かれる検察官』ハヤカワ文庫

アイラ・ゲンバーグ
『終身刑』講談社文庫

スティーヴン・ホーン
『確信犯』ハヤカワ・ミステリ文庫

バリー・シーゲル
『潔白』講談社文庫

ローラ・ヴァン・ウォーマー
『陪審員(上・下)』MIRA文庫

リチャード・ドゥーリング
『ブレイン・ストーム(上・下)』講談社文庫

デイヴィッド・ローゼンフェルト
『弁護士は奇策で勝負する』文春文庫
『悪徳警官はくたばらない』文春文庫

ジェイ・ブランドン
『特別検察官』文春文庫

アラフェア・バーク
『女検事補サム・キンケイド』文春文庫

ジャンリーコ・カロフィーリオ
『無意識の証人』文春文庫

和光だより(15)

自白内容の変遷

2008.3.1

　修習生が和光にいない今は端境期で、私たち弁護教官は、教育現場から少し離れ、いつもの民事事件の現場に戻りつつ、4月からの講義の準備期間になっています。教官合議も和光ではなく、霞ヶ関の弁護士会館で行われています。
　そこで、ずっと前に予告しました「自白内容の変遷」について、この際まとめておこうと思い立ちました。

　和光だより(8)で紹介したように、「自白の信用性判断基準」のうちの第3基準が「自白内容の変遷」です。
　まず、修習生に押さえてもらいたいポイントとして、これと似た概念である「供述の変遷」との違いを説明しました。
　供述の変遷は、

① 　供述主体が被告人(被疑者)に限られない。
② 　変遷の態様として、否認→自白→否認→自白といったような供述の「性質」の変遷も含み、「内容＝中身」の変遷に限られない。

　以上の点で、自白内容の変遷と異なります(図表7)。
　そこで本題の自白内容の変遷ですが、『刑弁実務』317頁には次のように説明されています。

　「犯罪の成否に関わる重要な事実、例えば、犯行に用いたとされる凶器の種類…(中略)…等、本来記憶違いをするはずのない重要な事実について供述の変遷があるときは、その自白の信用性について多大の疑問を生じさせる。ただし、自白に変遷が見られても、その変遷の理由に合理的な説明がつく場合には、それのみでは信用性は否定されない」

それはそのとおりなのですが、例によって、「合理・不合理」の意味するところがなかなかわかりにくいようですね。修習生の起案には、ただ単に「変遷が不合理だから信用性なし」とだけ書かれているものが多数見受けられました。
　以前に第4基準の「自白内容の不合理」のところでも説明したように、不合理は、「理屈に合わない」ということですから、どんな理屈に合わないのかの指摘が必要なはずですね。

　実はよく考えてみると、真犯人が自白する場合でも、変遷はごく当たり前に存在します。
　すなわち、真犯人も最初からすべて真相を吐露するとは限らず、一般にできるだけ刑を軽くしようという意識が働きますから、初めのうちは隠し事をし、捜査官の追及によって徐々に真相を吐露するという経過をたどることが多いでしょう。そこには、多かれ少なかれ変遷が見られるわけで、その中には「不合理」とも言うべき変遷があるはずです。
　そうすると、犯人でない者の「虚偽自白」の変遷も不合理、真犯人の「真実自白」の変遷も不合理となって、これでは独立した基準として機能しないのではないかとさえ考えられます。どちらも捜査側の追及によって変遷していくというメカニズムは共通ですね。

　ここは次のように考えるべきだと説明しました。
　すなわち、両者（真犯人とそうでない者）の大きな、かつ決定的な違いは、

「犯行体験記憶の有無」

だということができます。（浜田寿美男『自白が無実を証明する―袴田事件、その自白の心理学的供述分析』（北大路書房、2006年）98頁以下。なんという逆説的題名！）
　浜田教授の手法は、自白した者が、犯行体験記憶を持つ真犯人だとする「仮説A」と、犯行体験記憶を持たない非真犯人だとする「仮説B」の2つの仮説を立て、いずれが「真」と考えられるかを分析するものです。

1　まず真犯人でない者には、犯行体験記憶がまったくありませんから、最初

の自白の内容は、自己の記憶以外の要素、端的に言えば

「捜査側がその時点で入手していた情報」

がそのソースとなっているはずですね。
　したがって、最初に自白した時点で捜査側の手元にあった情報が何であったかを検討し、それら「だけ」を材料にして、最初の自白が形成可能かどうかを検証することが重要になります。
　これが肯定された場合は、その自白は虚偽であり仮説Bが正しいという方向で考えることになります。
　逆に、この形成可能性が否定され、捜査側の知らない「秘密の暴露（の候補）」が含まれていれば、真犯人の自白だとする仮説Aが正しいという方向で考えることになります。

　2　次に、虚偽自白の場合、その中には捜査官の思い違いなどによって、最初は「X」と自白させられていたものを、新たな証拠に基づき「Y」と訂正させられる場合があります。
　これは「秘密の暴露」と対照的な事象で、

「無知の暴露」

と称され、虚偽自白に多く見られる現象だそうです（浜田・前掲書231頁、同『〈うそ〉を見抜く心理学—「供述の世界」から』〔日本放送出版協会、2002年〕126頁）。
　ここに言う無知の主体は本来被告人ですが、虚偽自白のソースが概ね捜査官からの情報のみであることを考えれば、実は「捜査官の無知」が被告人の無知に投影されるという構造になっているのですね。
　これに対して、真犯人の自白には、「秘密の暴露」はあっても、「無知の暴露」は存在しません。

　3　以上の検討から、修習生には、自白内容の変遷についての分析ポイントは次のようにまとめられると教えました（図表8）。

① まず、最初の自白が、その時点で捜査側が入手していた情報だけから形成可能であるか否か。
② 次に、第2自白以降の変遷の中に「無知の暴露とその訂正」が見当たらないかどうか。

　以上の2点を押さえておくだけでも、自白の変遷についての大まかな「羅針盤」になるでしょう。結局、冒頭の「変遷が不合理」というのは、

「仮説Aに立って真犯人が変遷させた自白だとすると不合理、しかし仮説Bに立って真犯人でない者が捜査官に誘導させられて変遷したと考えると合理的（辻褄が合う）」

ということになるでしょうか。
　実際の講義では、上記の①について図解し、形成可能性を証明して虚偽自白であることを説明しました。ただし、実際の研修所の即日起案で、ここまで分析せよというのは酷ですから、あくまでも実務に出て自白を争う事案に遭遇したら、このように検討せよという試論として説明するにとどめました。
　法律学の知識に加えて、これからの法曹には、以前指摘した「論理学の素養」の他に、もう一つ『（供述）心理学の素養』も求められているのかもしれません。

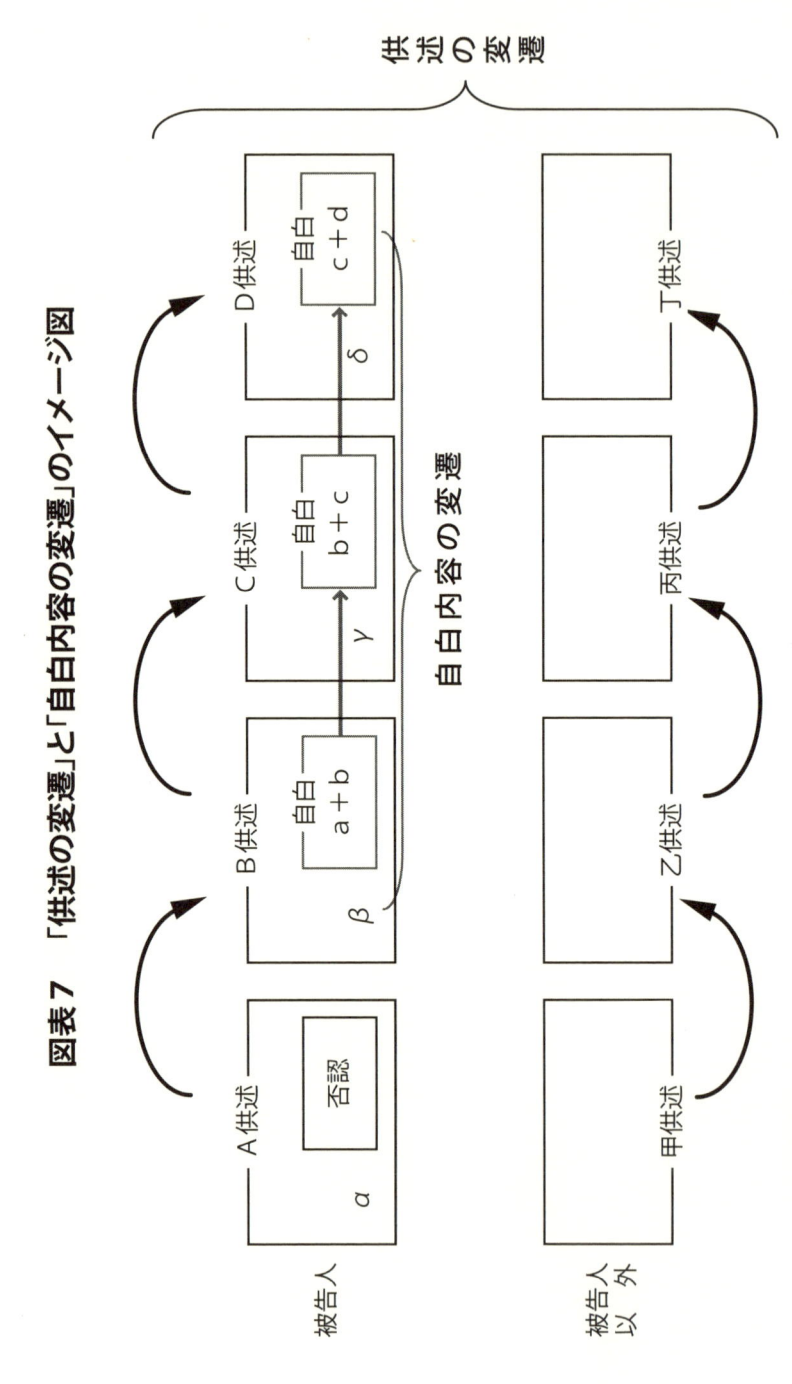

図表7 「供述の変遷」と「自白内容の変遷」のイメージ図

被告人:
- A供述: 否認 α
- B供述: 自白 a+b, β
- C供述: 自白 b+c, γ
- D供述: 自白 c+d, δ

B供述→C供述→D供述の範囲が「自白内容の変遷」

全体（A→B→C→D）が「供述の変遷」

被告人以外:
- 甲供述
- 乙供述
- 丙供述
- 丁供述

（例：被害者供述の変遷、目撃供述の変遷、犯人識別供述の変遷など）

図表8　自白の変遷の考え方

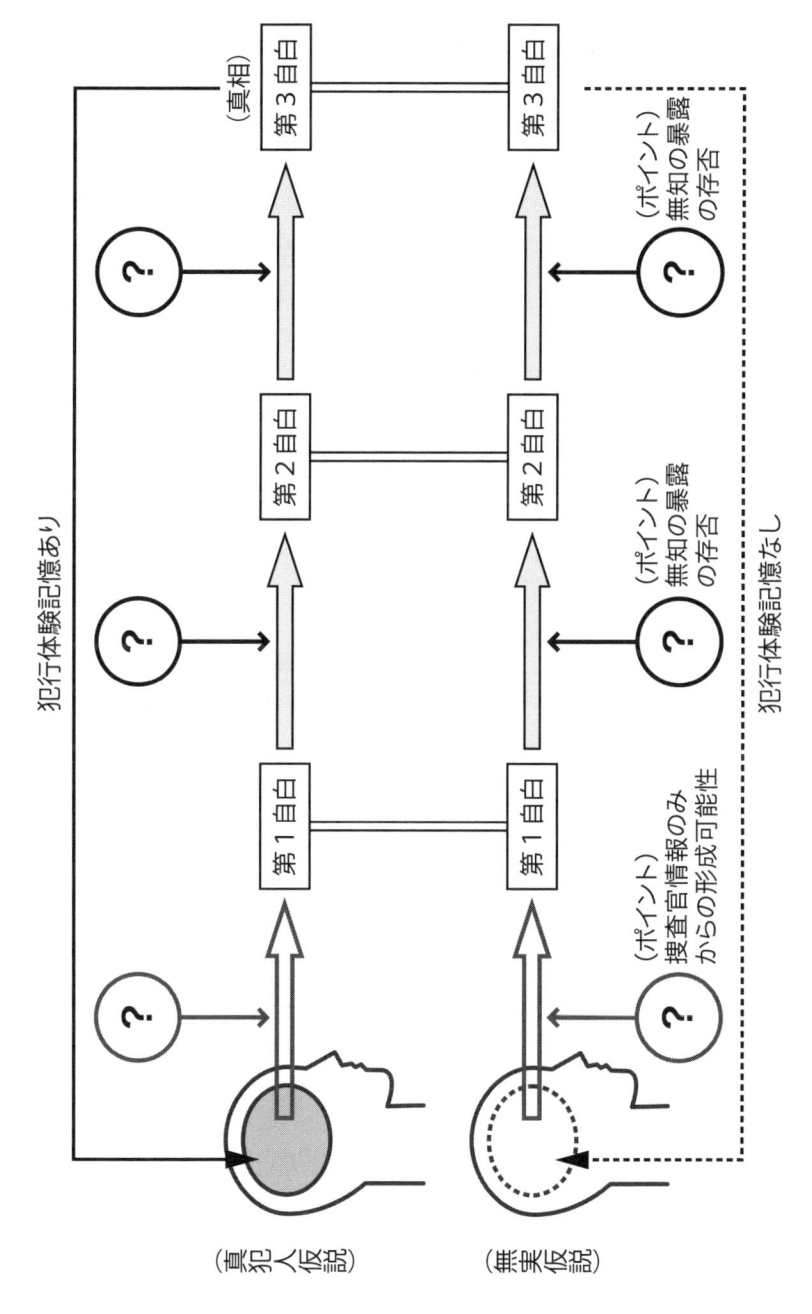

(真犯人仮説)　犯行体験記憶あり　→　❓　→　第1自白　→　❓　→　第2自白　→　❓　→　第3自白（真相）

(無実仮説)　犯行体験記憶なし　→　❓　→　第1自白　→　❓　→　第2自白　→　❓　→　第3自白

(ポイント)
- 捜査官情報のみからの形成可能性
- 無知の暴露の存否
- 無知の暴露の存否

教官1年目　55

和光だより（号外）

万引きを疑われて

2008.3.14

　その日は朝からどんよりとした曇り空で、憂鬱な出だしでした。
　日本大通り駅のエスカレーターで、42期同期の高田さんとすれ違い、たいてい難しい表情の彼がいつになく明るい爽やかな笑顔だったので、逆に一抹の不吉な予感がしたことは確かでした（笑。高田さんゴメン）。
　外に出たら空が泣き出していて、わざわざ鞄から傘を出さねばなりませんでした。
　それでも裁判所の前で、今度は須々木会員や花村会員、杉本会員のお顔を拝し、またエレベーターの中で栗田会員、法廷では48期の服部さんと会釈したことで、お清めされたとばかり思っていました。

　法廷を終えて、今抱えている修習生の起案の解説に関してふと思いついたことがあり、小田原の事務所に戻れば本があるのですが、すぐその場で調べたくなって、近くの書店で立ち読みしようと考えました。お目当ての本（前刑弁教官執筆の『Q&A類型別刑事弁護の実務』〔新日本法規、2007年〕）を、2、3分読んで棚に戻し、そのまま本屋を後にしました。
　私が交差点で信号待ちをしていると、本屋の店員が追いかけて来て、「さっき類型別Q&Aの本を読んでいましたよねえ。見当たらないんですが」と、まるで私が万引きしたかのように言われてしまいました。
　そりゃあ、確かに教官になってから収入は減りましたし、生まれつきもの欲しそうな顔つきをしているのかもしれません。ただ、弁護士がたった数千円の本を万引きするかってぇの！　しかも目立つライト・グリーンのジャケットだぜ！（前記の先生方覚えていますよねえ。「犯人識別供述」の練習）
　生まれて初めて、万引きを疑われた瞬間でした。気の弱い私には、「棚に戻したよ。よく見たのか」と返すのが精一杯。店員は、「でも、ありませんでした」と言い張るので、その場で押し問答をしていても埒があかないと判断し、仕方ないので本屋に戻ることにしました。雨の中傘を差したまま、その場で鞄を開けたり身

体検査するぐらいなら、行っちゃった方が早いと思って。
　店に着いて、店員が、「ここにあったはずなのにない」と言うので、すぐ下の段にあったその本を指差して、「ここにあるだろう。よく見ろ」とだけ言い放って、もう時間がないので、小田原に帰るために急いで駅に向かいました。
　あの野郎、始末書でも書かせればよかったとか、あのまま何かの拍子に本が見つからなかったらどうなったろうとか、起訴されたら、

『それでもボクはやってない』(周防正行著、幻冬舎、2007年、映画化)

と言って闘うんだろうな、そして家族には、

『お父さんはやってない』(矢田部孝司・あつ子著、太田出版、2006年)

と言うんだろうな、などと考えたのは跳び乗った東海道線の車中でした。
　これが痴漢犯罪だったら、今回のように「ここにあるだろう」と言えるような目に見える物がないわけで、それを考えるとぞっとします。
　その日は、午後にも嫌なことが2つもあり、さんざんな一日でした。
　たまにはこういうこともありますね。

　(追伸)
　「その日」とは今日のことです。
　初期供述は信用性が高いのです。

教官2年目

インタビュー

横浜弁護士会新聞

2008.4

1　この1年を振り返って

　昨年3月23日の就任から1年が経過しました。この間それまでの弁護士人生では経験できなかった多くのことを学ばせていただきました。また、小さな失敗を重ねながらも大過なく過ごせてまいりましたのは、会員の皆様のご支援のお陰だと思っております。

　この1年は、とにかく研修所生活に慣れること、修習生に刑事弁護の理論的面白さ・奥深さを知ってもらうことなど、さまざまな課題に向かって突っ走ってきました。

　私は昨年8月から、「和光だより」を当会のメーリングリストに投稿してきました。内容は、和光のことを中心に、カリキュラムや講義のことなど雑多な話題を思いつくままに綴ったものです。今あらためて読み返してみると、拙い文章ながら、その時々に考えたことや二回試験をめぐる悲喜こもごもなどが「航海日誌」のような感じで綴られていて、私にとっても懐かしい気がいたします。

2　研修所教育について

　従前の前期に相当する部分が現在はロースクールに移譲されたので、ともすると養成機関としての研修所の役割も減少したかのように見られがちです。しかし新司法試験に合格した学生の中には、必ずしも前期終了レベルに達していない者もおり、集合修習でこれまで以上に充実した教育を行う必要があります。さらに各ロースクールで扱いが不統一な場合に、模範となる実務基準を示さねばなりません。したがって研修所の養成機関としての役割は質的に増大したと言うべきでしょう。

　修習生は、未来の法曹界を背負って立つ法曹界の宝です。司法試験合格者数が何人に増えようが何人に減ろうが、現実に私の目の前には、私の講義を真剣に聞き、私を見つめる140個の眼があります。この真剣な眼差しに応えたい、なんとか全員が一人前の法曹として巣立ってもらいたいというのが私の活動の原動

力になっています。

3　修習生に伝えたいこと

　私が修習生に最も伝えたいのは、「人の心の痛み」がわかる法曹になってほしいということです。これは、修習生から一言を求められたりした時に必ず書く言葉です。最近実際に体験しましたのでご紹介します。

　現行60期の私のクラスは、二回試験で7名が不合格となったのですが、今回はその努力が報われ、7名全員が見事に合格しました。しかし、今度は、次に受け持った新60期の5名が不合格になってしまいました。そこで晴れて弁護士になった「七人の侍」に対し、「後輩のために一肌脱いでくれ」「次の試験までの過ごし方・勉強の仕方などアドバイスを」と依頼したところ、皆快く承諾してくれ、「自分達だからこそ5人の辛さがよくわかります。レポートにまとめて報告します。なお、直接話を聞きたい人もいるでしょうから、自分達のアドレスを伝えてもらって結構です」とまで言ってくれました。

　前後して私のクラスになったことで、このように期を越えて仲間が増えていってくれれば、教官として嬉しい限りです。

4　会員へのメッセージ

　前にもお話しする機会がありましたが、支部所属でチョイ不良おやじの私でも教官になることができました。また、今年度は、田上尚志会員が民事弁護教官に就任されることが決まっております。教えることが好きな若手の皆さん、是非教官候補に名乗りを挙げてください。

和光だより(16)

現行62期――前期カリキュラム

2008.4.14

　先々週末、新61期1組（名古屋・福井修習）のクラス旅行で琵琶湖畔へ行ってまいりました。新幹線や湖西線の窓外に広がる風景の中で、我が世の春と桜が咲き誇っていました。

　全国各地でお花見が盛んに行われたようですね。一説によると、桜からは人を狂わせる「桜フェロモン」が出ているとか。まさに、桜さえなければ「春の心はのどけからまし」でしょう。しかし、一雨一風来た後はいつもながらの鮮やかな散り際で、「しづ心なく花の散るらむ」。

　そして、今はもう葉桜の季節。

　この潔さは誰しも見習いたいものです。

　今日から、ついに現行62期前期修習が始まり、先ほど和光から帰宅いたしました。

　初めて集う同じクラスの仲間、初めて出会う5教科の教官、初めて入る教室。今日の開始式や自己紹介などを聞いていて、大きな期待と若干の不安が修習生の表情から見て取れました。

　この現行62期は合計262名から構成され、60数名ずつの4クラスに分けられています。実務修習地は、東京中心（他に、福島・函館・岐阜・大分が混在）のクラスが3つ、大阪修習のみのクラスが1つで、私は新60期以来なじみとなった大阪修習の4組65名を担当しています。

　今日は、さすがに緊張していましたが、大阪人が多数を占める組ゆえ、いずれノリのよいクラスになるだろうと思っています。

　ところで、本音を言うと、白表紙記録作成の大変さがわかった私には、4クラスだけのために前期・後期で記録を4冊も使ってしまうのは、いかにももったいないような気がして。別に二回試験用も1冊必要ですし。

　このままいくと、次の現行63期は、2クラスだけのために、前期・後期・二回

試験用で5冊を用意しなければならない。おお、なんともったいない。
　その次の現行64期は……1クラスだけのために5冊？　……絶句。

　さて、私が初めて教える「前期修習」の主なカリキュラムは、

　　フル起案が2本
　　演習が3本（模擬接見・保釈・証拠意見）
　　講義が4本（導入・弁護活動全般・公判前整理・弁護士倫理）
　　刑事共通公判演習が1日半
　　刑事共通選択講座が3本（少年・裁判員・外国人）
　　刑事共通問研（情状）が1本

などとなっています。
　なお、今年度は、このほかに、現行61期後期の8クラス・新61期集合Aの9クラス・新61期集合Bの16クラスと、4回にわたりなんと合計「37クラス」の修習生を迎えることになります。我々の頃は10クラスでしたから、2期分来たとしても年間延べ20クラス。クラス数も倍増しています。
　教官も、2つまたは3つのクラスを割り振られて、てんてこ舞いです。
　また、現行61期の二回試験期間と、新61期集合Aの講義期間が一部重なるため、現行61期の二回試験を行っている棟の別の教室で、集合A担当の教官が講義をしている、という前代未聞の珍事がみられます。
　さらに、これも未曾有の事態として、新61期集合A・Bの二回試験は、東京・大阪の分離実施になると思われます。
　昔では考えられないことばかり！

　ところで、先輩教官の話では、教官をやっていて一番楽しいのは、やはり二回試験を意識せずともよい前期を受け持った時だそうで、私は今まさにその恩恵にあずかろうとして入口にいるわけです。話によると、クラス旅行やスポーツ大会等も企画されるようで、昔に比べると規模は小さくなったでしょうが、その名残りはあるようですね。
　また、我々の頃は「教官宅訪問」という行事がありましたが、今は「事務所訪問」という形で引き継がれているようです。これも前期だからこその余裕のなせるわざ

でしょうね。

　私の事務所は小田原なので、講義が終わってから和光を出ると、夜遅く到着することになりかねず、やむなく5月の連休明けの毎週土曜日に設定することにしました。
　小田原まで交通費をかけて、しかも週末の一日を潰すことまでして、果たして修習生が来てくれるのか心配です。
　しかし、うちに来ないと、残りの者が大挙して民弁教官の事務所に流れることになり、そちらが大変（特に飲食費用）。なんとか半数くらいは小田原に回ってほしいものです。

和光だより（17）

模擬接見

2008.5.9

　新緑の初夏を迎え、教室で3限の講義を終えて6時過ぎに研修所の外に出ても、まだ昼間のようで、すぐに飲み屋に駆け込むのが後ろめたく感じられる季節となりました（なんという季節感！）。
　ただ、ビールは美味い！

　さて、先日、現行62期修習生に対して「模擬接見」のカリキュラムを実施しました。
　普段の階段教室の向かいに、クラスごとに中教室があって、そこに接見室を模したスペースを設営し（と言っても、机を並べて穴の開いたアクリル板を机上に置いてあるだけですが）、だいたい15名を1班として、5名ずつ3グループが交代して、当番弁護士として初回接見をするという設定の中で、被疑者役から事情聴取をするというものです。前の5人の聴取を次のグループも横で聞きながら、自分達の番が来たらアクリル板の前に移動して、まだ聞いていないポイントを聞き出すという流れになります。
　順番のまだ来ない班や接見を終了した班は、階段教室の方で演習2「保釈請求書」の起案・演習3「証拠意見」の起案を、接見の合間にこなすというハードなスケジュールでした。
　昨年は、面の割れていない私達新任教官が被疑者役をこなしました。
　私は、担任から、リアルに演じてくれと言われ、シナリオ暗記はもちろん、覚せい剤所持の現行犯かつ自己使用を疑われている者という設定でしたので、前々日から不精髭を生やし、髪の毛もボサボサにして、用意したトレーナー・サンダル履きで修習生の前に登場しました（もちろん教官であることは内緒です）。質問に答える態度も、なるべくぶっきら棒にしました。ところが、後でよく聞いたところ、8クラスあったうち、そのような風体で登場したのは私だけだったそうです（笑）。
　今年は、説明書に「教官・所付が被疑者役を演じる」と書いてしまってあったので、せっかくのネタが使えそうになかったのですが、うちのクラスだけ無理矢

教官2年目　65

理、

「被疑者役をお願いした教官が都合でこられなくなった。しかたないので、私の個人的な知り合いの松山さんに急遽お願いすることになった」

とあらかじめ説明し、そのまま被疑者役の同僚の松山教官に一般の方のふりを続けてもらいました。迫真の演技だったので、ほとんどの者が教官だと気づかず、昔の刑事事件の依頼者だと勘違いしたりしてツボにはまっていました。
　せっかくなので、全体講評のときにも着替えずにいてもらい、わざと、「外部から見て、修習生はどう映りますか」などと発言を求めたりして、演技を続けてもらいました。
　打上げにもそのままの格好で出てもらい、教官であることを隠していましたが、さすがに最後までそうするわけにもいかず、途中で自己紹介をしてもらって、皆「ええっ!」となりました。
　松山教官の、

「先生だってこっち側に入らなければ、俺の気持ちなんかわかりませんよ」

などという妙に堂に入った発言が、その姿と相まって、いかにも昔接見室のガラスの向こう側にいた人そのままだったらしく、皆騙されたらしいですね。
　教官の感想としては、演習2の保釈請求書も同様ですが、全般的に、どうしても被疑者という「人間」よりも、「被疑事実に登場する被疑者」のような物の見方しかできないグループが多く、中には氏名や家族を尋ねなかった者がいたりしたので、

「ケース研究をやっているのではない。目の前にいる『甲野太郎』という人間を見ろ。そうすれば何を聞き出さなければならないか、保釈請求で何を訴えなければならないか、よくわかるだろう!」

と檄を飛ばすことになりました。
　修習生にとって、いい経験だったろうと思います。
　打ち上げコンパが盛り上がったことは言うまでもありません。

和光だより(20)

事務所訪問

2008.6.1

　5月の土曜日に、連続4週にわたって実施した教官事務所訪問が、昨日ようやく終わりました。
　うちのクラス65名を民弁教官（事務所東京）と分け合って希望を募り、どちらか一方の事務所に来てもらう方針でした。わざわざ土曜日に、和光から遠く小田原まで、しかも交通費（新宿からだけでもロマンスカーで片道1,720円かかる）自己負担で何人来るか心配でしたが、いざ蓋を開けてみたら過半数の39名が応募してきました。
　午後3時集合で、ほぼ1日潰して来るのに、事務所見学をして普通に食事させて帰らせるというのも芸がないと思い、若干の企画をセッティングしたのが受けたようです。
　小田原城散策コースと、日帰り温泉コースです。
　他にも来たがっていた者がいたようですが、あまりこちらに集中してもバランスがとれませんし、また別の意味（？）でもこのくらいが限度かなと。
　案内やら企画やら、事前準備をしている時は、さながら旅行代理店に勤めているような気分になり、それもまた楽しかったことでした（どちらかというと幹事タイプなんでしょうね）。

　グループによって、小田原城の歴史を学んだり、ユガワラ・スパのホットウォーターに浸かったり、魚を食べたり、牛を食べたり……。
　男子修習生に「猟奇的な」メタボ腹を見られてしまったのが、予定外のことでしたが。
　懇親会では、昔の修習の思い出話をしたり、実務の失敗談を語ったり、また過去の二回試験の話をしたり、クイズ大会をしたり、4回とも大変盛り上がりました。

　研修所の寮に入っている者が大多数なので早めに帰さなくてはならず、普段の

私では考えられないほど早くお開きにしました。
　寮生はその日のうちに無事に和光の寮に着いたようです。
　こんなことも、前期ならではの企画でしょうね。

　さて、今週末は、4組のクラス旅行で水上温泉に一泊してまいります。
　初日の企画は、利根川のラフティング（8人乗りゴムボートで川下り）か湖のカヌー。
　翌日は、谷川岳散策だそうです。
　起案2の採点添削を抱えて、目をしょぼしょぼさせている中年男の体力が持つかどうか。
　レッツ・トライ！

和光だより(21)

補助証拠と補助事実

2008.6.18

　夏の陽射しがまぶしく、また汗の季節がやって来ました。
　この13日に無事現行62期4組修習生65名を実務修習庁大阪へ送り出しました。
　最終日のしかも最終講義が刑弁だったので、実務へ送り出すはなむけのようなことをしゃべっているうちに、このまま離れるのが寂しいような不思議な感覚にとらわれました。
　前期はやはり特別な感じがいたします。

　さて、久し振りに理論的な話題を。
　私は前々から、修習生に対し、要証事実、間接事実、直接証拠、情況証拠などの理解を深めさせようとして、重点的に図解などを用いて教えてきましたが、今回の起案2で自白を扱った際に、この際だから自白にからめて手を広げて、「補助事実」「補助証拠」についても理解を深めさせようと整理してみました。
　例えば、自白に対して「任意性なし」と争う場合のこの「任意性なし」という事実や、「信用性なし」「違法収集証拠である」という事実の位置づけはどうかという点は、あまり注目して解説してある文献がないようです。
　これらは、要証事実への証明・推認のレールに乗っかるものではなく、自白という証拠そのものに対して、その証拠能力や証明力を弾劾する性質のものですから、「実質証拠」ではない、いわゆる「補助証拠」から証明される「補助事実」と考えるべきでしょうね。
　そして、これからが本題ですが、「任意性なし」「違法収集証拠である」「信用性なし」はいずれも、個々具体的な事実そのものというよりは、さまざまな事実を総合して得られる評価概念であるということができます。
　ここで例によって、また私の民事要件事実的発想が浮かび、規範的要件事実と評価根拠事実の関係がここにも見られるのではないかと考えました。
　すなわち、「任意性なし」「違法収集証拠である」「信用性なし」は、評価が必要

な「規範的補助事実」であり、それらを基礎づける個々の具体的事実を「評価根拠補助事実」と考えるとわかりやすいと思いました。そしてそれらの評価を阻止する具体的事実が「評価障害補助事実」になりましょうか（この用語法はもちろん私独自のものなので、修習生に対しその旨の説明は欠かせませんが）。

　あるいは、挙証責任の観点からすれば、「任意性あり」「違法収集証拠でないこと」「信用性あり」が検察官が立証すべき規範的補助事実で、それらを基礎づける具体的事実が評価根拠補助事実、これを阻止する具体的事実が評価障害補助事実と捉えるべきなのかもしれません。

　これらの「補助事実」「補助証拠」という概念は、証拠法の最初の頃に聞いたきり、その後あまりお目にかからないのが普通ですが、自白を弾劾しようとする時、こんなところに出てくるのですね。

和光だより(号外)

質問に答えて①

2008.6.19

　和光だより(21)に対し、杉本会員から鋭い質問を受けてしまいました(余計なこと書かなければよかった……トホホ)。

　……ところで大木先生に質問です。講学上、というか修習生に教える都合上、証明責任的説明をするのが有益なのだろうと思います。ただ、刑事裁判の原則からいくと、刑罰権の存在を根拠づける事実の証明責任は検察官にあるように思うのですが(民訴の教科書にはそんな説明も散見されるのですが)、それは間違いでしょうか。
　違うレベルの質問ですが、「補助事実」に証明責任というのはあるのでしょうか。「証明責任」の定義によるのかもしれませんが、法令適用の前提として必要な事実について訴訟上真偽不明の状態が生じたときに、その法令適用にもとづく法律効果が発生しないとされる当事者の負担、が証明責任だとすると、それは、主要事実について想定されるもの、のように思えるのですが。あるいは、これも修習生に教える都合上、「証明責任的なもの」を想定するということなのでしょうか。

　わかる範囲で考えてみます。

　1　まず、刑事訴訟において、刑罰権の存在を基礎づける事実について、すべて検察官に「実質的挙証責任」があることは間違いないと思います。
　したがって、構成要件該当事実・処罰条件事実はもちろん、違法性阻却事由や責任阻却事由、処罰阻却事由となる事実の「不存在」についても、検察官が負うことに争いはないようですね。
　ただし、訴訟の具体的進行に従って、例えばまず検察官が犯罪事実を証明する証拠を提出したとすると、そのままでは被告人が有罪になってしまいますから、これを否定する証拠を今度は被告人の側で提出しなければならなくなるという意味の「形式的挙証責任(挙証の必要とか立証の負担とも言われるらしいですね)」

が当事者間で移動することもあるようです。

　2　次に、「補助事実」に証明（挙証）責任という概念を容れる余地があるのかというご質問ですね。私の手元にある裁判所職員総合研修所監修『刑事訴訟法講義案〔三訂版〕』（司法協会、2007年）265頁には、実質的挙証責任を検察官が負担する場合の項に、

「そのほか、訴訟条件の存在とか検察官が提出した証拠に証拠能力があること（例えば、自白の任意性）についても検察官に挙証責任がある」

との記述がありますので、自白の任意性が「補助事実」だとすると（私はそう考えていますが）、補助事実にも挙証責任の概念を容れる余地があると思われます。
　「違法収集証拠」も証拠能力の問題なので、同様に考えていいのでしょうね。
　今回、あらためて三井誠ほか編『刑事法辞典』（信山社、2003年）で「補助事実」を引いたところ、

「たとえば、証拠収集手続の違法など、実質証拠の証拠能力に影響を及ぼす事実を補助事実に含めることもある」

という記述に出会いました（ふむふむ、同じ考えの学者もいるらしい……）。
　ただ、このことが補助事実一般に言えるかどうかは、そこまで踏み込んだ文献が見当たらず、よくわかりません。補助事実を証明すべき補助証拠の性質、すなわち弾劾か増強か回復かによっても違うような気もするし。
　また、「自白の信用性」については証拠能力の問題ではなく、証明力の問題でしょうから、講義案のここの記述に取り上げられていないところをみると、挙証責任の概念を容れる余地がないのかもしれません。自由心証主義の問題もからんでややこしそうな気がしますので、このあたりでご勘弁ください。

　3　ただし、修習生に対する説明では、これら挙証責任のことには触れず、単に「任意性なし」等が補助事実だという説明だったのですが、この和光だよりに載せる段階で、ふと挙証責任のことが頭をよぎったため、両論併記のような形で述べたというのが裏事情です。さらに研究の必要がありそうですね。

和光だより(22)

褒めてやった例――いいとこどり

2008.7.1

　7月に入り、暑さが厳しくなりそうな気配です。
　さて、昨年12月に涙を飲んだ修習生達の再試験がいよいよ1カ月半後に近づいてまいりました。
　今回は、8カ月待たされたので、その間集中力の維持が相当大変だったろうと思われますが、捲土重来を目指す心は皆一緒でしょう。暑さに負けず、また今回が本番の現行61期後期組に負けずに、なんとか突破してもらいたいですね。
　東京在住の教え子に対して、3日に気合入れ会をやってきます。

　さて、今回は久し振りに、実例報告を。
　起案の採点添削を終えて講評する際、刑弁教官室の参考起案は配れないことになっているので、昨年の現行60期後期と新60期集合の担任の時は、それに代わるやり方として、最高得点者の名前を1名だけ発表し、「〇〇君の起案を見せてもらって参考にしなさい」という形の指示を出していました。
　しかし、最高点を獲得していても、すべての論述が参考になるとは限らず、平凡な叙述もあるわけなので、そっちの方をみんなに真似されても困るなと前々から感じていました。
　今回の現行62期前期では、次のとおり大幅に変えてみました。

① 　最高得点者以外にも、高得点者の名前を複数名挙げたこと。具体的には、4割以上の得点をした者の名前を挙げることにしてみました。65人中、起案1では該当者が5名でしたが、起案2では少し増えて、13名の名前を読み上げました。名前を読み上げるたびに、クラス全員で拍手することも初めてやってみました。
② 　また、総合得点の多寡にかかわらず、多数の者が気づいていなかった論点や証拠に気づいた者の名前も発表しました。これも拍手の対象。
③ 　さらに、参考として紹介するのを、最高得点者1名の起案ではなく、論点

ごとによくできたと思われる者の起案を集めて「いいとこどり」の参考起案にして紹介しました。

　以上の結果、仮に、①で名前の出なかった者でも部分的によくできていれば、②または③に引っかかり、やる気が出てこようというものです。
　実際に、例によって最終講義の時に実施したアンケートでも好評でしたし、事務所訪問の懇親会や打上げの飲み会の時に複数の修習生から、名前を読み上げられたり、自分の起案が「いいとこどり」に採用されると、嬉しくなってやる気が起きてきたという感想を聞かされました。
　やはり、「褒めてやらねば人は動かじ」なんでしょうね。

和光だより(23)
身体拘束の解消

2008.7.19

　青い空に白い雲がまぶしく、子供達に麦わら帽子が似合う季節になりました。
　毎朝化粧に余念がないうちの娘達も、ほんの10年ほど前には麦わら帽子で海へ山へと出かけ、真っ黒になって父親にまとわりついていたと思うと、こんなにも明るい夏が、今では逆に寂しいような……。

　さて、気を取り直して、今回は身体拘束の話題を取り上げてみたいと思います。
　身体拘束の解消は被疑者・被告人にとって大問題ですね。演習で扱う題材には、勾留決定に対する準抗告申立や保釈請求など、「身体拘束をいかに解消するか」が取り上げられており、弁論要旨起案でも、事案の中に「違法な身体拘束下の自白をどう排除するか」という論点が盛り込まれていることがあります。
　修習生、とりわけ裁判官志望者や検察官志望者にこそ、「身体拘束」に対して敏感になってもらいたいという刑弁教官室の願いが一つの大きなテーマとなっています。

　1　ある起案で扱ったテーマに、「別件逮捕勾留下の自白」がありました（先日東京高裁で再審開始が支持された「布川事件」も別件逮捕でした）。
　別件逮捕勾留をめぐる別件基準説と本件基準説の対立は、どの基本書にも書いてあります。
　しかし、この対立を平板に捉えてしまっては、身体拘束に対する鋭敏な感覚の養成に資するところはありません。両説の背後には、実は身体拘束に対する感覚の大きな違いが潜んでいるんだと教えることにしました。

　(1)　簡単に言うと、別件基準説は、軽い別件に逮捕・勾留の要件が備わっている以上、身体拘束は適法で、あとはその身体拘束を利用して重い本件について取り調べたことが、「余罪取調べの限界を越えて違法かどうか」という問題に解消されるとします。

さらに、論者によっては、この問題が表面化するのは主に公判で自白の証拠能力が問題になった時であるから判決でこれを否定すればいいだろう、という発想をしているようですね。「俺が自白を排除して無罪判決を書いてやるからいいだろう」とでも言っているように聞こえます。
　しかし、この考え方は、身体拘束の苦痛という観点が抜け落ちています。
　最終的に無罪になればいいというものでもないですよね。それまでの身体拘束をチェックできないのでは不十分です（しかも、なかなか無罪にしてくれないじゃないの！）。

　(2)　では、本件基準説は、身体拘束に対する感覚という観点からどうか。
　ア　まず、軽いA罪での逮捕勾留請求時点で、それまでの経緯から、これは重いB罪を取り調べる意図だとわかった時は「別件逮捕・別件勾留」として請求を却下できます。これは視点を将来に向けた発想ですね。
　イ　次に、今度は本件B罪による逮捕勾留請求時点で、それまでのA罪の逮捕勾留がB罪の取調べのためであったことが判明している時は、すでに実質的にB罪で逮捕勾留されていたものとして、今回の逮捕勾留請求を「再逮捕・再勾留」だとして却下できる余地が生じます。これは視点を過去に置いた発想ですね。
　ウ　さらに、別件逮捕勾留という事情が勾留期間の途中に判明した場合にも、「勾留取消」(87条)の事由になる余地があると考えられます。これは現在視点。
　このように、時系列的に常に身体拘束に目を向けた議論でないと、身体拘束されている者の不利益はいつまでも解消できないのではないかと伝えました。

　2　次に、この際、身体拘束と取調べの全体構造を把握してみようと問題提起しました。
　そして、いつもと視点を変えて、捜査機関側から考える発想をしてみようじゃないかという投げかけをしました。すなわち、

　「重いB罪について法が予定している身体拘束期間を（勾留延長が認められるとして）23日と見積もり、それはとっておいて、どうしたら23日を超えてもっと長く身体を拘束してB罪の取調べを行えるか、捜査機関の立場で考えてみよう」

という質問です。刑弁からすると大きな発想の転換です。

まず、修習生の最初の解答は、今回の起案でやった

「別件A罪の逮捕勾留期間の23日を流用する」

というものでした（これは当然予想された解答）。そこで、

「なるほど。もっと前に遡って、何かできないか？」

と誘導質問したところ、しばらく考えた後、一人の修習生から

「任意同行を使います」

という解答がありました（そうそう、そういうことなんだ）。そこでさらに進めて、同じ修習生に、

「では、任意同行でも不十分なまま、本人が家に帰りそうだったらどうする？」

と水を向けたところ、

「確かホテルに監視つきで泊まらせるやり方が問題になったことがありました」

といういわゆる「承諾留置」の論点まで出てきました（ヒントを示すと出てくるもんだな）。そこで、

「じゃあ今度は、これまで出て来た期間を使った後、本来使えるB罪の23日まですべて使って取り調べたが不十分な場合はどうする？」

と質問しました。しばらく解答が出ませんでしたので、またヒントを出して、

「起訴できない場合は釈放するしかないけど、釈放したら二度と逮捕できないの？」

と水を向けたところ、別の修習生から、

「B罪で再逮捕・再勾留して取り調べます」

という解答が出てきました（いいぞ、いいぞ）。最後に、

「では、B罪で起訴したけどまだまだ取り調べたいと思ったらどうするか？」

という質問には、次の修習生から、

「問題とされていますが、起訴後の被告人取調べをします」

という解答が出ました（よしよし！）。
主な問題点がだいたい指摘できたようです。
以上のやりとりを通して、ホワイト・ボードには次の図が完成しました。

$$\begin{array}{ccc} 軽いA罪 & \leq & 重いB罪 \\ (別件) & \Leftrightarrow & (本件) \\ (本罪) & \Leftrightarrow & (余罪) \end{array}$$

$$\alpha \leftarrow A(23日) \leftarrow B(23日) \rightarrow B'(23日) \rightarrow \beta$$
　　　　　　　　　　　　（ターゲット・本命）

「任意同行」
「承諾留置」
　　　「別件逮捕勾留」　　（本件基準説）
　　　「余罪取調べの限界」（別件基準説）
　　　　　　　　　　　「再逮捕再勾留」
　　　　　　　　　　　　　「起訴後の被告人取調べ」

「本件」と「本罪」がクロスする点に注意が必要です。
あとは、弁護人だったらどう反論するか、それぞれの論点について各自復習し

ておくように、という指示で締めくくりました。

　以上は、ある起案講評でのひとコマですが、このように、捜査機関の視点に立って考えさせて、ヒントを出しながら進めていけば、受験勉強の時の平板な論点主義から解放され、逆に被疑者・被告人の視点から身体拘束の問題を重視する感覚が養えるのではないかと考えたわけです。

和光だより(24)

一周年

2008.8.4

　暑い日が続きます。子供の頃はこんなにまで暑くなかった記憶ですが、やはり地球温暖化の影響？
　それにしても、7月27日の高校野球北神奈川大会決勝は、熱く凄まじい試合でした。高校同級飲み友達の上田監督率いる慶應高校が、延長13回までもつれ込んで、あれだけ力の差を見せつけていた東海大相模に見事逆転勝利を収めました。もちろん、横浜スタジアムのスタンドで応援しました。
　二番手で登板した只野投手は、早稲田大学同級飲み友達の息子。両者を3年前に新横浜の飲み屋で初めて引き合わせて（もちろん父親の方）、甲子園を目指すんだと誓った夢が、春の選抜に続き、再び実現した瞬間でした。
　今や私は「早稲田を裏切り慶應に魂を売った男」とまで言われています（笑）。
　明日が甲子園1回戦ですが、残念ながら講義があって観に行けません。頑張ってもらいたいものです。

　さて、本題。
　昨年の8月13日にこのメーリングリストに「和光だより(1)」を投稿してから、とうとう1年が経過します。途中、「追伸」やら「号外」やらもありましたが、正規号は今回でちょうど24本。月平均2本ということになります。我ながら、よくネタが尽きないものだと、妙に感心したりしています。
　多くの先生方からさまざまなコメントや激励のお言葉を頂戴し、またこのメーリングリストに載せなくても私の個人メールに返信いただいた方々や、さらには収入減を慮って美味しいものなどをご馳走してくださる有難い面々もいらっしゃって、大変感謝申し上げております。

　今回は、一周年記念特別号として、これまでに公式・非公式に寄せられたいろいろなご質問に対し、Q&A形式で述べてみたいと思います。

Q1　なぜ、それほどむきになって教えているのですか？
A　「そこに修習生がいるから」です。プラス、私自身、教えることが好きなこともあります。一流の学者の難しい説明をいかにわかりやすく教えるかに力を注いでみたいのです。

Q2　旧制度と新制度で、修習生のレベルに差がありますか？
A　通ってきた受験過程が違いますので、評価は難しいかもしれません。大雑把に言うと、新の方、特に非法学部出身のいわゆる純粋未修の人たちは、時として基本的な点について誤解があることがあります。ただし、それは、法律学の学習に費やすことのできた「絶対時間」の差が現れているとも考えられますので、少し教えれば簡単に正しい理解に到達できるというレベルの事柄です。

Q3　修習生との飲み会は、どのくらいあるのですか？
A　クラスやその教官によってまちまちです。皆さんご承知のように、私は多い方ですね。しかし、前期・後期の違いや修習地、まとめ役の修習生の求心力によって、やはり大きな差が生じました。

　初めて持った現行60期15組は、二回試験を控えていたこともあって、最初の顔合わせコンパと打ち上げコンパの他には、個人的に「とんでん」に呼んだ1回だけですから、合計3回。

　次の新60期9組大阪・松江組は、ノリはよかったのですが、やはり二回試験直前なので、同じく3回にとどまりました。もっとも、この期は別に1回予定していたのが、私の教官室の都合で流れたこともありましたが。

　次の現行62期4組大阪組は、前期修習であり、事務所訪問やクラス旅行などもあって、それらを含めてなんと13回を数えました。二回試験をほとんど気にせずに楽しんでいたクラスです。

Q4　朝は何時に出て、帰りは何時ですか？
A　1限が10時開始で、刑弁教官室では講義のある時は1時間前に登庁という取り決めがあるので、9時に着けばいいことになります。

　私の場合、自宅のある町田から通っていますので、とても小田急線上りの朝のあのラッシュ地獄を乗り切る勇気はありませんから、ロマンスカーを利

用しています。ただ、ちょうどいい時間帯にロマンスカーがないので、仕方なく町田発6時31分で向かい、定刻の1時間前（講義の2時間前）には和光に着いています。講義の予習をしながら、コーヒーなど飲んで過ごします。

　最後の3限は、3時開始で4時50分に終了です。昔は3時頃終了した記憶ですが、やはり詰め込み教育になっています。ただ、すぐに帰れることは稀で、起案講評の後は5時から質問タイム。それがない時もだいたい教官室の合議が8時頃まであるのが普通でしょうか。合議が終わってそのまま帰る人もいますが、私の場合はなかなかお誘いを断れない性質なので、いろいろ……。

さて、もうすぐ2年目突入の和光だより。
今後とも、ご愛読をよろしくお願い申し上げます。

（追伸）
しばらく趣味の読書（法廷小説）から遠ざかっており、このメーリングリストでも読書の話題についていけませんでしたが、久し振りにいいのを見つけました。

パーネル・ホール『裁判はわからない』ハヤカワ文庫

「控え目探偵」が事件調査をし、テンポのある小気味よい会話調で物語が進行します。結末もよろしい上に、法廷の尋問場面もなかなかです。なにしろ、常日頃修習生に供述の弾劾を教えている私ですら、迂闊にも気づきませんでした。
　まさか、○○の○○が○○だったとは！

和光だより (27)

座右の銘

2008.8.27

　文字どおり熱戦が繰り広げられた高校野球、ど派手な演出の開会式で始まった北京オリンピックも幕を閉じ、少し心静かになった頃合いですが、皆さんいかがお過ごしでしょうか。
　今年の夏は生まれて初めて甲子園に行き、またテレビ中継に夢中になるなどして、起案の採点添削の手を停めることがしばしばで、そのつけが今回ってきています。ふう……。

　さて、教官になってから、最終講義の後にサインを求められたり、アルバムに一筆求められたり、あるいはコンパのアトラクションの景品に色紙を求められたりなどする機会が増えました。
　そんな時、名前を書くだけでは面白くないので、必ず一言添えて渡すことにしています。手にした修習生からは喜ばれています。
　こんな言葉を書いています。

① 「人の心の痛みを知る」
　最初の色紙には、私にとって定番の印象のあるこの言葉を書きました。教官候補として推薦されるにあたり、日弁連・最高裁に提出した「所信」の中でもこの言葉を述べています。
　もう10年くらい前になりますか、修習生を主人公にした『ビギナー』というテレビドラマがありました。その中で、昔、郷ひろみの物真似で有名だった俳優が、道路工事のバイトなどをしながら長い受験時代の末にようやく受かった修習生を演じていましたが、そいつの台詞に出てきていました。
　法律家として、常に持っていなければならない意識だと思っています。

② 「虫の眼、鳥の眼、土竜の眼」
　発想の転換、視点の変化の例として、授業で紹介した言葉です。

虫の眼には、枝や幹、木全体は見えませんが、木の葉の細かい葉脈まで見ることができます（分析的視点）。これに対し、空を飛ぶ鳥には、細かい葉脈までは見えませんが、森や山、さらにその向こうにある海まで見ることができます（統合的視点）。
　この「虫の眼、鳥の眼」までは、以前からある言葉で、それに「土竜」（もぐら）をオリジナルで付け加えました（ある修習生は、この漢字を「つちのこ」と読み教室は爆笑。気持ちはわかります）。
　土竜地図では、土竜が地中でひっくり返って見ると、北を上にしたとき普通の地図の裏返しになって、右が西で左が東になります。
　物事を反対、逆さまから見てみようという例です（逆転の発想。実は、我々人間が使う星座図も一緒ですね。確認してみてください）。

③　「運と縁と恩」
　本人が一生懸命努力するだけでは得られない、しかし、いざ自分の身に近づいて来たのを気づかずに逃すと、次はなかなかめぐって来ない、だからこそ大事にすべきだというものを列挙してあります。
　西洋の諺にも、確か「女神には後ろ髪がない」という似た言葉がありました。
　「運と縁」は、私が若手の頃、師匠の杉崎からよく聞かされていた言葉で、今回それに「恩」を付け加えました。

④　「時間、空間、そして人間（じんかん）」
　人間は時間と空間の中にある存在ですが、さらに人と人の中にある存在であることも忘れてはならないと強調した私の造語（のはず）です。
　「にんげん」ではなくてあえて「じんかん」と読ませるところがミソ。
　②③もそうでしたが、これも脚韻を踏んでいます。

　今後使ってみたい言葉としては、「腹八分目」なんかもいいですね。
　小さい頃に父親から言われた記憶があります。その時は、満腹になるまで食べるものじゃない、健康には八分目くらいがちょうどよい、という文字どおりの意味にとっていましたが、さすがに半世紀も生きてくると、いろいろな意味が加わります。
　我々の仕事は、同時に何十件という多数の案件を扱いますから、すべて全力

投球では身が持ちません。せめて八分目でしょう(横の関係)。
　また、何事も一つのステップを乗り越えて上の段階に進む時、それまでに全力を絞りきって精根尽き果ててしまうのではなく、やはり二分くらいの余力が残っていないと、なかなか次のスタート・ダッシュが切れないように思います(縦の関係)。
　そんな意味でも「腹八分目」は言い得て妙ですね。今度使ってみましょう。

　今持っている新61期18組は来月17日に最終日を迎えます。
　サインを求められるかどうか楽しみです。

和光だより(28)

正規現象と病理現象

2008.9.13

　現在研修所にいる新61期集合Aの起案採点添削講評が、すべて無事終了しました。
　起案1に比べ、起案2になると、随分よくなりました。私の18組は、平均頁数にして約5頁、平均得点で10点ほど上昇しました。やはり、真面目に勉強している者が多いので安心しました。
　ところで、同僚教官から、いつぞや

「大木教官のクラスの起案は、ずいぶん長旅をしているんですねえ」

と言われたことがあります。
　そう言えば、わがクラスの修習生の起案は、教室で回収されて企画課から刑弁教官室に届けられ、キャスター付バッグに詰め込まれた後、バス・電車に揺られて埼玉県(和光市)から、東京都(池袋・新宿)、多摩川を渡って神奈川県(川崎市多摩区・麻生区)に入り、また東京都(町田市)に戻ってやっと自宅に着きます。
　翌日は、再度神奈川に入り、途中、相模原市・座間市・海老名市を抜けて相模川を渡り、厚木市・伊勢原市・秦野市・足柄上郡を通り、その間丹沢や富士山・箱根連山を眺めながら、えっちらおっちら城下町小田原に入って事務所に到着するという経路をたどります(古今亭志ん生の「黄金餅」の焼き場に向かうくだりみたい！「しゃべってるあたしも疲れた」という箇所)。
　しかし冒頭のように言われると、不思議とあの重たい起案どもが、遠路一緒に旅して来た親しい仲間のような気にもなってくるというものです。
　いざ採点添削に着手すると、たちまちそんな甘い気持ちは吹っ飛びますが……(昨日の友は今日の敵)。

　さて、今回は、趣を変えて「正規現象と病理現象」(あるいは原則と例外)の話、

物事を教える順番に関する話です。
　まず、正規現象と病理現象で思い出すのは、私が受験中に勉強した手形法のいわゆる「創造説・二段階行為説」(鈴木教授・前田教授)。
　当時は、あらゆる手形法の論点がこの理論から解決可能という触れ込みに抗し切れず、この説でバシバシ答案を書いていました。確かにさまざまな論点について、一般条項を使わずに妥当な結論が導けるという利点はありました。ただ、合格して実務に出て、この理論を実務で採用するのはかなり難しいという感想を抱きました。
　そもそも創造説は、いわゆる「交付欠缺」のケースをいかに理論的にうまく説明するかという発想から出発した理論だったと思います。それはつまり、実際にほとんどないレアケース(病理現象)が出発点だったということですね。
　しかし、それを使って手形法の宇宙に生起するすべての事象を説明しようとしたところに、若干無理があるのではないでしょうか。病理現象を説明するための理屈を、多くの正規現象に当てはめるのは無理な気がします。

　もう一つ思い出すのは、初めてロースクールの教員になった2004(平成16)年当時のことです。
　非法学部出身の未修学生に、

「1年生の民法は、最初にどんなことやっているの？」

と尋ねたところ、

「共通錯誤と不法行為です」

と言われて、唖然とした記憶があります。
　民法のことなど何も知らない学生には、まず、例えば不動産売買契約の成立によって債権債務が発生し、その後の任意の履行により目的を達して消滅する、という通常の債権債務の一生を教える、あるいはそれに加えて不動産所有権の移転くらいを教える、それから法律行為や意思表示の細かい議論に入るのが常套手段だと考えています。
　「錯誤」というそれ自体が病理現象の、しかも「重過失」を挟んでそのまた先に

ある「共通錯誤」を最初の頃に教えるなどというのは、未修学生の頭の混乱を招くだけで、民法全体の理解を逆に遠のかせるのではないかとすら思えました。

不法行為も、契約社会にあっては、やはり病理現象ですよね。

仕方ないので、自分の担当科目ではないのですが、「目から鱗の民法（1～5）」として、授業がよく理解できないという未修1年生や、もう一度民法を復習したい2年生を集めて、正規現象を優先させた自主ゼミや答案添削を実施したことがありました。

教官に就任してからもその意識を忘れないように努め、以前のクラスで、例えば「伝聞証拠」を講義する時に、原則と例外を意識させ、

「伝聞証拠には証拠能力がないのが原則。例外的に認めたのが321条以下。したがって、証拠意見で『不同意』という言い方をするけれど、これは原則に戻って『326条の同意をしない』というだけなので、その理由を述べる必要はまったくない。検察官が別の条文で例外的に証拠能力を立証しようとしたら、それに合わせる形で意見を述べればよい」

と口が酸っぱくなるほど話しました（図表9）。

法律学は、そもそも真理を探究するものではありませんから、残念ながら本来、数学や物理学・化学などのいわゆる「科学」の仲間とは言えないのでしょうね。ノーベル賞の対象でもないし。

それなのに、実務上採用されない理論で、実務上登場しないレア・ケースを研究させても、学者の論文としてはいいでしょうが、実務家を目指すロースクール生には、あまり実益のない勉強になってしまいそうです。

かの宮本武蔵も言っています。

「世の中に兵法の道をならひても、実の時の役にはたつまじきと思ふ心あるべし。其儀においては、何時にても役に立つやうに稽古し、万事に至り役に立つやうにおしゆる事、是兵法の実の道也」（『五輪書』地之巻）

理論と実務の関係を見事に言い表しています。

教官としても参考になります。

図表9　伝聞証拠の扱い

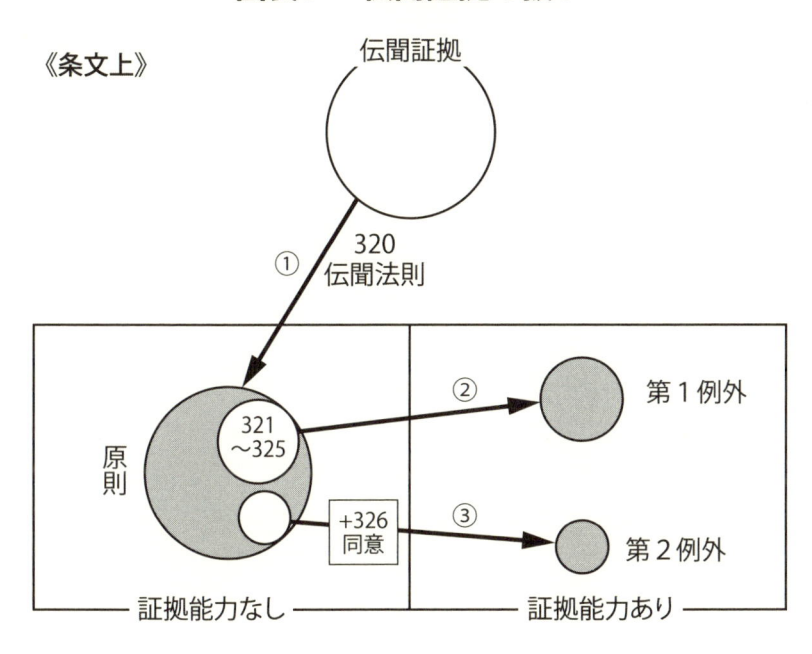

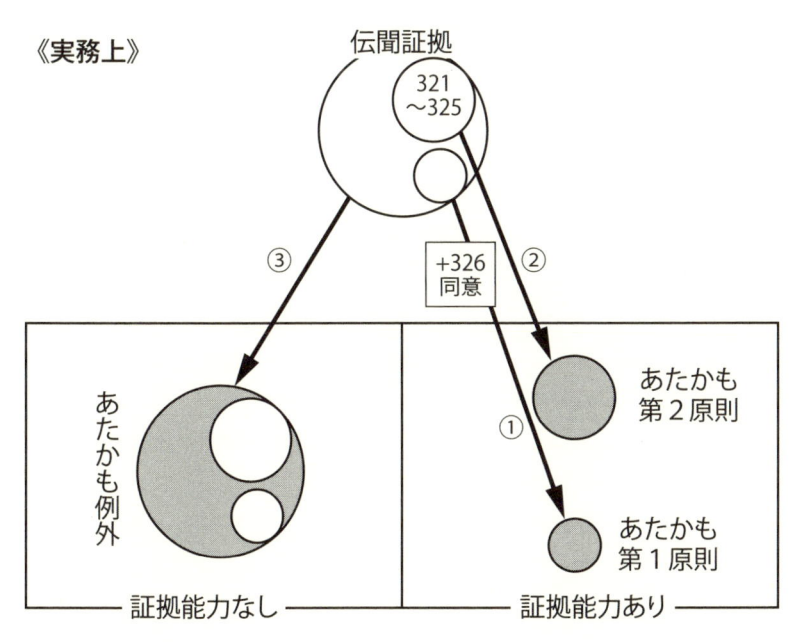

《条文上》

伝聞証拠

①　320 伝聞法則

原則
321〜325
+326 同意

② → 第1例外
③ → 第2例外

— 証拠能力なし — ／ — 証拠能力あり —

《実務上》

伝聞証拠
321〜325
+326 同意

③ → あたかも例外

② → あたかも第2原則
① → あたかも第1原則

— 証拠能力なし — ／ — 証拠能力あり —

教官2年目　89

和光だより(29)

冤罪

2008.10.4

　ようやく涼しくなりました。
　さて、現時点で私がイメージする教官の理想像は、青っちょろいと言われるのを承知で言うと、リチャード・ギア主演『愛と青春の旅立ち』の士官学校教官や、トム・クルーズ主演『トップ・ガン』の教官です。
　共通点は、平気で教え子とガチンコ勝負をしているところですね。
　『トップ・ガン』では、逃げる戦闘機を教官が操縦し、訓練生がこれを追いかけて模擬撃墜（ロック・オン）するという訓練がありましたが、選りすぐりのエリートパイロット訓練生でも、なかなか撃墜できなかったのが印象的でした。うろ覚えですが、確か「バイパー」という教官でしたか、地味だけれども力の差を見せつけてくれます。

　翻って、我々司法研修所教官はどうか。
　あらかじめ20名もの教官で長時間にわたる議論を重ねた上で教壇に立ち、たかだか6時間あまりしか時間を与えられずに即日起案をした修習生の起案講評をしています。
　講評できて当たり前、上から目線で眺めていますね。
　ここは一つどうでしょう。例えば模擬裁判で、修習生同士ではなく、片方の当事者を教官が受け持って、同じ条件でガチンコ勝負するというのは。
　検察・刑弁教官室の合同カリにし、検察官役修習生に対しては刑弁教官が立ち向かう、弁護人役修習生に対しては検察教官が立ちはだかる、なんて面白いかもしれません。異議の応酬が見られるかもしれませんし。
　まあ、メンツとかいろいろあるでしょうから、実現は困難でしょうね。

　ところで、新61期集合Aの18組では、9月17日の最終講義後半は、次のようなクイズから入りました。

「次の数字はなんでしょう？　34歳6カ月・33歳11カ月・28歳7カ月・34歳8カ月」

ヒントなしでは到底思いつかないと思い、その日の講義前半から、「回覧」として最近の再審や冤罪に関する新聞記事を回しておいたので、そっち方向に目が向くように仕向けてはあったのですが……。なかなか出ません。
　さらに、大きなヒント。

「名前を言えばわかるかな。1番は免田さん、2番は谷口さん、3番は斉藤さん、4番は赤堀さんだけど」

ここで、一人の修習生から、

「再審で無罪を受けた人たちの、逮捕時の年齢でしょうか」

という回答がありましたから、

「惜しい。残念だが違います。正解は、死刑再審無罪の人たちが逮捕された時に生まれた赤ん坊の、再審無罪になった時の年齢です。ここにいる大半の修習生よりも年上になる。1が免田事件、2が財田川事件、3が松山事件、4が島田事件です」

と説明しました。さらに、

「最初の一審死刑判決は、逮捕の数年後にはだいたい出ているので、さっきの数字からそのくらいを引いた長期間、『死刑囚』として、いつ死刑が執行されるかもしれないという恐怖状態で獄中につながれてきたことになる。こうした冤罪では、とかく捜査機関の違法捜査だけが指摘されがちだが、本当は、関わった検察官・裁判官、そしてもしかしたら弁護人も含めて、司法関係者皆が反省しなければならないと思う。
　実務に出たら勉強しておいてくれ。特に先頃再審決定が出た『布川事件』、再審請求中の『袴田事件』の名前くらいは覚えておいて見守ってほしい」

と締めました。

　こうした冤罪事件はなにも戦後の混乱期に限られません。今でも、痴漢冤罪をはじめとして数々の冤罪が明らかになっています。抜本的な解決が図られていないからでしょう。

　取調べの可視化がその一つの風穴となればいいのですが、取調べ全過程を可視化しなければ、「仏作って」何とやらのような気もします。

　修習生は、眼前の二回試験のことに頭が行き過ぎているので、頭に残すにはこういったショック療法的話し方もいいかもしれません（70人のうちの何人かでも興味を持てばいいですからね）。

和光だより(31)

教官室の配置

2008.11.4

　先日空を見上げたら、鰯雲が見られました。
　子供の頃は、ススキや赤とんぼと一緒によく見た記憶がありますが、最近は久し振りです。
　鍋物が恋しくなり、深まりゆく秋を感じるこの頃です。
　私は現在クラスを持っていませんので、講義関係の話はひとまず措き、今回は各教官室の配置などの様子を。
　こんなところにもいろいろな志向が現れていて面白く思います。

　まず、本館の4階には民事裁判教官室・刑事裁判教官室があります。
　どちらも、独立した上席教官室(個室)とそれ以外の教官4〜5名ずつの執務室(準個室)がいくつか、それと合議室とに分かれ、部屋として完全に物理的に区分されています。
　そうですね、地裁などの裁判官室を思い浮かべていただければ、あれが並んでいるのとほぼ同じ感じでしょうか。

　その下の3階には、検察教官室・民事弁護教官室があります。
　ここは4階と異なり、大部屋と合議室が基本です。ただし、検察教官室には、上席教官の個室と中部屋があるようです。
　大部屋は、検察実務修習の時の修習生室や、裁判所の書記官室を思い浮かべていただけるとわかりやすいですね。ただ、各自の机と、隣あるいは向かいの机との間に、書棚というか本棚が設置されているようなので、見通しはあまりよくなさそうです。反面、プライバシーが若干確保されていると言ってよいでしょうか。
　民事弁護教官室が模様替えしているらしいという噂を聞きましたが……。

　さて、2階には、我が刑事弁護教官室と、裁判員裁判用模擬法廷があります。
　うちの教官室は、開けっぴろげも開けっぴろげ。各教官の机の上にはPCがあ

るだけなので、隣や向かいへの視界を遮るものがまったくありません。

　大部屋の真中あたりに、24卓くらい椅子とテーブルが備え付けられていて、ここでお昼に弁当を食べたり、講義後に修習生の相談に応じたりするのですが、これも背の低いものなので視界を遮りません。端から端まで常に見通せます。

　ですから、入口が2つあるのですが、修習生が教官を訪ねて来た時など、入って来た入口に近い席の教官から、大部屋の対角線の担任教官に、

「○○先生。修習生が訪ねて来ましたよ！」

などと大声で伝えています。

　私にはピッタリの雰囲気です。

　なお、私達が新任教官として着任した当時は、誰が決めたかブロックごとに机やロッカーが入口から近い順に奥へ向かって1年・2年・3年教官と並び、年度が替わって3年教官が卒業し新人が入ると、使用する机やロッカーも順に奥へ移動し、中味を移すなどという人事異動のような扱いをしていたようです。

　しかし、自由・平等をおおらかに唱える弁護士にふさわしくない、非能率的で移動する意味がない、という意見が強く出され（というか主に私が言い出し）、今年の春に3年・2年教官で暗黙のうちにこの慣例を廃止しました。ですから、3つある山のうち私の机がある山では、今でも入口に一番近い席が2年教官の私です。

　私にはピッタリです。

　話変わって、新61期の修習生は、現在東京大阪で選択型修習中のA班9クラスと、今研修所で集合修習中のB班16クラス、合計25クラスがこの19日から二回試験を受験します。さらに、残念ながら前回以前に涙を飲んだ再・再々・再々々……受験組も何人かいて、受験者総数は約1,850人が見込まれています。

　A班のうち、大阪修習組3クラスの200人程度は、初めて大阪会場での受験となります。その連中の答案は、1日遅れで和光に到着する予定だそうです。

　教官も頑張っているんだから、修習生みんな頑張れよな！

和光だより（32）

課外活動２つ

2008.11.16

　朝晩めっきり寒くなりました。冬の到来でしょうか。
　今回も講義関係ではありません。お忙しい方は飛ばしてください。課外活動のお話を２つ。

　１　昨日、私が最初に持ったクラス現行60期15組の教え子弁護士の披露宴が逗子であり、出席してまいりました。
　このクラスは、５科目中、前期・後期で民事弁護以外の４科目の教官が交替したという珍しいクラスで、担任教官は全部で９名いました（修習生にとっては迷惑な話？）。その９名のうち、今回招かれたのが実は私一人だけでしたので、その点大変光栄に思いました。
　ところで、以前に呼ばれた別の披露宴のスピーチでは、「掛詞」で歌を詠み、掛け軸もどきをプレゼントしたのが好評だったので、今回もそれでいこうと思いました。
　前回は、新郎がきょういち君、新婦がひさえさんだったので、新郎新婦のお名前を織り込んで詠みました。

「嫁ぐこの日さえ涙は見せまいと　今日一番の笑顔の君よ」

　スピーチの最後に、「あしたから、花嫁の笑顔は新郎が一人で独占しても構いません。ただ今日だけは、今日一番の笑顔だけは、どうか花嫁のご両親にとっておいてあげてください」と締めくくった頃には、花嫁が自分の娘の姿と重なって、あやうく涙声になるのを抑えるのが大変でした。

　さて、二匹目の泥鰌を狙って、今回も新郎新婦お二人の名前を織り込むことにしました。新郎がやすあき君、新婦がなおみさんなので、２週間ほどウンウン呻吟の末、ようやく次の歌にたどり着きました。

「心癒やす秋に寄り添ひ　冬もなほみをつくしてぞ想ひ結ばむ」

「みをつくし」が入って、どことなく王朝風というか百人一首風というか一応の格好がつきました。

国文法そっちのけで、なんとかお二人の名前を折り込むことは適いましたが、「互いに寄り添い身を尽くして想い合う」夫婦の心情が、現代の若者に受け入れられるかなあ、いや夫婦の情愛は普遍的だなどといろいろ考えました（そういうお前のところはどうなんだ？は禁句です）。

幸いにも、会場から大きな拍手をいただけました。

2　その披露宴の後は、横浜42期同期の小倉さんが受け持っている中大法学部のゼミ生との懇親会に招かれて、山下公園近くのお店で合流しました。法曹ゼミ5年目の教え子だそうです。

ゼミ生は8人とも1年生なので、どことなく高校生の香りが残っている初々しさがあります。

学習意欲を高めるために、司法研修所教官として一言二言しゃべってほしいとのことでしたので、難しい法律の話はやめて、修習生活や起案の話、二回試験、ロースクールのことなどいろいろな話をしました。全員が将来は法曹志望だそうで、私の話を熱心に聞いてくれました。

昨日は、モチベーションを上げるために、法律事務所の見学、みなとみらいから大桟橋への夜景クルーズ、そして最後がイタリアンで舌鼓というコースだったようです。今週は、東京地裁の法廷傍聴が予定されているとのこと。

ゼミ生に対する小倉教授の話が面白い！　地球を駆けめぐる広い視野の話。

30いくつある選択対象ゼミのうち、毎年小倉ゼミが一番人気で、倍率が7～8倍になるというのも、さもありなむと思いました。

将来の法曹養成は、なにも司法研修所だけが担っているのではないことを再確認した夜でした。

和光だより(33)

ひかり寮

2008.12.6

　街にクリスマスソングが流れ始め、イルミネーションに点灯されて、一年の終わりを感じるようになりました。早いものですね。
　今年は皆さん目標が達成できたでしょうか。

　さて、新61期の二回試験が、先日ようやく終わりました。
　刑事弁護は、4科目目で11月25日が受験日でしたので、修習生考試委員会考査委員の我々も当日の昼間は合議をし、夜9時前に答案を受け取り、それを寮の部屋に持ち帰りました。
　我々の寮は、修習生用の「いずみ寮」より若干広いと思われる「ひかり寮」です。
　小耳情報によると、名前の由来は、司法研修所の敷地が練馬区大泉学園と埼玉県和光市にまたがっており、修習生用の寮は大泉学園にあるから「いずみ」寮、教官用の寮の敷地は和光市にあるから「ひかり」寮だとか。
　ちょっとしたビジネスホテル並みで、エアコン・ユニットバス・トイレ・小型冷蔵庫・厚みのある小型テレビ・小型湯沸し器・ドライヤーなどの備え付けがあります。
　外に向かって大きめの出窓があり、そこが机代わり。だから引き出しがありません。
　脇にベッドがあるので、採点に疲れ腰を伸ばしたい時や目薬をさす時、眠い時は、ゴロリと横になることができます。シーツ・枕カバーなどは自己管理で、リネン室にある備え付けのものと交換することができます。
　食事も各自自由ですが、我々2年教官は、朝は前日の夜コンビニに買い出しに行った牛乳やパン・おにぎり・サラダなどを部屋で食べて済ませることが多かったようです。
　昼は、11時半頃いったん教官室に顔を出して、都合のつく者同士で研修所の食堂に行って定食(だいたい500円くらい)を食べます。
　なお、午後は、事前に教官室で検討していなかった論点や、特異な論述が出たりした場合に備え、教官室に集合して一瞥全体会議を行いますので、その時

に教官室にあるコーヒーメーカーのコーヒーが飲めます。
　夜は、その日の試験を終えた修習生も食堂に来てしまいますので、接触を避けるために、我々は外食することにしています。二回試験中および採点合否判定中は、教官と修習生とが一切「接触禁止」とされますので、こんなところにも気を遣っています。
　バスでもかち合わないように教官専用のバスに乗り、和光市駅近くのお店で夕食を済ませます。
　夕食後は、翌日の朝食をコンビニで買って、今度は路線バスで帰ります。
　だいたいこの繰り返しでした（寂しい食生活！）。

　採点時間は、通常の起案と違い、添削しないでいい分だけ理論的には短縮されるはずですが、いつもより慎重に見ますし、つい読んでいるうちに、「ここはこう直せばいいのに」とか考えてしまい、なかなか計算どおりにはいかないようです。
　初日は、久し振りの二回試験採点のせいか興奮してしまい、午前1時頃に床に入ったものの寝つけず、またごそごそと起き出して、結局朝4時まで採点マシーンと化していました。
　結果発表は12月16日。
　研修所に「不合格者」の受験番号が掲示されるとともに、全員に結果の通知が郵送されます。
　在京者が掲示を見て「2ちゃんねる」に不合格番号を載せたりしますが、昨年は小野毅会員からご指摘があったように、間違った番号が載せられたらしく、ひと騒動あったようですね。間違って載せられた者は、後で合格の真相を知り「地獄→天国」でまだ救われますが、逆の者は……。言葉のかけようもありません。

　さて、今回は、

① 　ロースクール未修組が受験したこと
② 　A班・B班に分かれ時期をずらして集合修習をしたこと
③ 　大阪会場での受験があったこと

など、初めての試みが複数重なりました。
　約1,850通の結果はどう出るでしょうか。

和光だより（34）

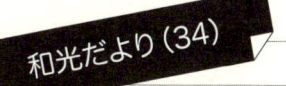

忘年会カクテル党

2008.12.19

　16日、新61期修習生の二回試験の結果が発表になりました。

　新聞報道等でご案内のように、受験者総数1,844名のうち、不合格者総数が113名（うち新61期が101名、その余の12名は再受験組）でした。それでも、思っていたより善戦したかという印象です。

　今回の二回試験は、「集合修習→選択型修習」のA班と、その逆の「選択型修習→集合修習」のB班とで、有利不利があるのかないのかが一つの話題になっていました。

　まあ、本当にできる奴ならどちらでも構わないのでしょうが、そうでもない連中もいるはずですから……。初めのうちは、復習の時間が確保できるA班が有利かなと考えたりしましたが、起案を書きまくってテンションが高いまま試験に突入したB班の方が、あの即日起案独特の感覚がぶれないまま受験できるのでいいのかなという感じもしています。どっちもどっちかな。

　ところで、本日（というかもう昨日になりましたが）、横浜弁護士会の新入会員歓迎会が多数の会員出席のもと華正楼で開かれました。

　今回は、私がクラスをもった連中が初めて当会に入会するので、別の重要な予定を断腸の思いでキャンセルして駆けつけました。

　新入会員54名のうち、私のクラス出身は、現行60期15組の登録替えが1人、新61期1組が1人、新61期18組が4人です。その他、クラスは違いましたが横浜国大法科大学院での教え子が2人。皆の挨拶を聞いていると、まだ初々しさが残っていて、皆さんも思わず応援したくなりますよね。他のクラスだった方々も含め、新入会員の皆さん頑張ってください。

　なお、今日、横弁会員が初めて1,000人の大台を越え、1,027人になったという発表がありました。私たちの頃は500人になるかならないかでしたから、倍増ですね。もっとも、あれから20年くらいかかっていますが。

記念すべき1,000番登録の方と、前後賞の方に、武井会長のポケットマネーから〇円相当の素晴らしい贈り物が贈呈されるという粋なはからいがありました。

　さて、忘年会シーズンも終盤を迎えました。私は教官になってますます回数が増えました。例年どおりだとすると、まだこれから入る予定も数件あるはずです。
　お酒にまつわり、県西支部メーリングリストに私が投稿した「カクテル」の話題をこの際、再録させていただきたいと思います。

　……私はビール党ですが、たまにお洒落なお店に入ったりした時など、カクテルを試すこともあります。カクテルと言えば、昔は、「スクリュードライバー」や「ソルティドッグ」、「ピンクレディ」といった定番しか知りませんでしたが、その道の本には、相当な数のカクテルが紹介されていて、その日の気分や相手に合わせて選ぶのも楽しいようです。ひところワイン通が流行りましたが、カクテル通もいいですね。例えば、意味深なネーミングの「ビトィーン・ザ・シーツ」、「キッス・オブ・ファイア」も想像力を駆り立てられて話題になりますし、それぞれのカクテルの発明物語など、蘊蓄の宝庫です。
　私のお薦めは、やはり男は男らしく、ウィスキーベースなら「ゴッドファーザー」、ジンベースなら「ドライマティーニ」。（ちょっと声をひそめて……）相手を酔わせたいのなら、ウォッカベースの「ハーベイウォールバンガー」。いけます。ご当地好きなら、ジンベースで「ヨコハマ」なんてのもあります……。

　皆さん飲み過ぎにはくれぐれもご注意ください（お前に言われたくないって？ ごもっとも）。
　さて、今年も残すところあと10日あまり。教官になって2度目の年の瀬です。
　皆様、どうぞよいお年をお迎えください。

和光だより (35)

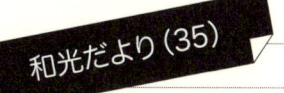

新62期出張講義——犯人識別供述

2009.1.10

　新年明けましておめでとうございます。本年もよろしくお願い申し上げます。
　今年の箱根駅伝は、私と娘達それぞれが母校を応援するという、大木家初の三つ巴となりました（妻は女子大なので珍しく蚊帳の外！）。
　往路・復路ともにさまざまな感動を呼び、結果はご覧のとおりとなりました。みんな頑張りましたが、来年こそ悔いが残らないように、繰り上げ一斉スタートや途中棄権のないレースを期待したいですね。

　さて、正月明けの5日から始まった、新62期に対する出張講義から、昨日戻ってまいりました。
　昨年は、同時期に名古屋・福井組。今回は、大津・金沢・宇都宮組。本州の真ん中部分を、時計廻りに一周してきたことになります。
　北陸路を電車で通り過ぎた際、平地に雪こそありませんでしたが、窓外に聳える北アルプス連峰の険しさや、日本海の濃い藍色の荒波に圧倒されてしまい、このあたりで生き続けて来た人々の気質にそれが少なからぬ影響を与えていることを実感しました。
　少々のことでくじけてなどいられない、粘り強い人が多いのもそのためかと。
　かたや、小さな頃から、あまり雪も降らず、穏やかな湘南の海と、なで肩を思わせる優しげな稜線の富士山を見て、のほほんと育って来た私。
　あちらは私など想像もつかない厳しい環境なのでしょうね。

　今回も事前に課題を送り答案を送り返させて添削し、それを脇に抱えての巡業の旅でした。同じ内容の講義を3カ所でするわけですから、板書派の私は、ホワイトボードに同じ図を3回書かねばなりません。さすがにそれは労力の無駄と思ったので、今回は少し工夫を……（と言ってパワポに頼らないところが奥ゆかしい！）。
　考えたのは、小学生に戻った気分になって、模造紙（懐かしい！）を使うという

ものでした。

　空欄を設定した未完成の図を模造紙4枚に書いてホワイトボードに貼り、修習生に答えさせて、正解をマジックで書き入れたマグネットシートを順に貼っていくという手法です。

　今回の課題は、主に「犯人識別供述」について考えさせる問題でした。
　実は、現在、教官室の中でもこの問題に関して以下のような議論がありますので、おおまかに紹介したいと思います。

　1　「犯人識別供述」自体の捉え方（目撃供述との区別）
　このテーマについては、司法研修所編『犯人識別供述の信用性』（法曹会、1999年）がバイブル的存在となっているようです。我が平成18年版『刑事弁護実務』（325頁以下）もおそらくこれにならって論述されているようですね。
　それによると、犯人識別供述の一般的危険性を論じた上で、その弾劾の視点として以下の項目が掲げられています。

　⑴　観察の正確性の検討
　　ア　客観的観察条件
　　イ　主観的観察条件
　　ウ　既知証人か否か
　　エ　顕著な特徴を挙げているか
　⑵　記憶とその保持の正確性の検討
　　ア　再認同定までの期間の長短
　　イ　初期供述・初期選別の重要性
　⑶　犯人選別手続の正確性の検討
　　ア　写真面割り
　　イ　面通し
　⑷　犯人識別供述の変遷・詳細化
　⑸　補強証拠・他の証拠との関係

　しかし、よく考えてみると、この中には「犯人識別」特有の問題ではなく、明らかに「目撃供述」一般の弾劾項目が入っているようですね。犯人に限らず、何か

を見たという目撃証言が信用できるかどうかのチェックですから。

ところで、集合論でいくと、「私は○○を見た」という目撃証人の中で、その後に写真面割りや面通し手続を通じて、「こいつが犯人だ」と選別した者が「犯人識別証人」ですから、後者は前者に包含される関係だと思われます。

そこで私は、

(A) 犯人に限らず何かを目撃したという目撃証人一般の供述（目撃供述）に対する弾劾のメルクマール
(B) それを前提に、さらに犯人と被告人の同一性を識別したという犯人識別証人特有の供述（犯人識別供述）に対する弾劾のメルクマール

の両者を区別して理解させた方がよいという主張をしています（図表10）。

残念ながら『刑事弁護実務』は両者を区分けせず、目撃供述一般に対する弾劾の項目がないので、それが問題になった際には、仕方なく犯人識別供述に対する弾劾のメルクマールの該当部分を用いて教えるという、いわば逆転現象に陥っています。教官室で議論を整理して、教え方をまとめる必要がありそうですね。

なお、法と心理学会・目撃ガイドライン作成委員会編『目撃供述・識別手続に関するガイドライン』（現代人文社、2005年）は、ここを区別して論じている数少ない文献であろうと思われます。

2 「選別手続」に関する弾劾について

この点について、『刑事弁護実務』には、写真面割りと、面通しの各方法について、暗示性を排除すべきだという総論的説明があるのですが、例として挙げられているのが、単独写真・面通しと複数写真・面通しの違いや、捜査官による誘導可能性が挙げられているにとどまり、システマティックな分析手法がとられていないようです。

これを補うために、私は以前から、やや古くなりましたが、「季刊刑事弁護」11号の特集「目撃証言の心理学」の論考を参考にさせてもらっており、特にイギリスで行われている面通しの手続を一つの理想型として位置づけ、これと実際に日本で一般的に行われている手続とを対比させて、いかに日本の手続が暗示を生みやすい構造なのかを説明しようと考えてきました。

詳しい内容は上記特集をご覧いただくとして、ここでは修習生起案に現れた誤

解されやすい点を指摘することにします。

　今回の事案では、目撃者に対し、「写真面割り」だけ実施して、「面通し」手続を履践していなかったのですが、起案の中に「面通しも行うべきなのにそれを行わなかったから信用できない」という叙述が散見されました。

　しかし、これなどは理想型からすれば誤った理解で、イギリスの考え方では、面通し実施対象者の条件として、「写真面割りを実施されていない者」という条件が加わるようです。

　これは考えてみれば当たり前の話で、いったん写真面割りを行った者に面通しを行っても、すでに写真を見て予断が入り込んでいるので、写真で指示した人物を選んでしまう可能性が高く、重ねて実施する意味がないからでしょうね。むしろ、後に公判で証言する可能性を考慮すると、写真面割りで選んだ人物を自己の記憶に固定してしまう危険すらありそうです。

　その他、「犯人不在可能性の告知」や「面割り・面通しは捜査非従事者が行う」「目撃者同士接触禁止」「目撃者ごとに異なる者が担当」など重要な条件の説明が『刑事弁護実務』にはなされていないので、これも講義で補っています。

3　「既知証人」の扱い（未知証人とのメカニズムの違い）

　さらに、既知証人をめぐっては、別の困難な問題が意識されています。

　目撃した人物が「既知」の人物なら一般に識別供述の信用性が高いが、「未知」の人物ならその信用性は慎重に吟味されなければならない、という言われ方をされ、それはそのとおりなのですが、同僚の今井教官から極めて興味深い根本的な問題提起がありました。すなわち、既知と未知では、そもそも目撃・記憶保持・識別のメカニズムがまったく異なるのではないかという点です。

　私も同調するものですが、同教官の整理によれば、次のようにまとめられると言います。

　　　　　　　　　（犯行前）　　　　　　（犯行時）　　　　　　（識別手続）
既知証人＝観察＋記憶→記憶保持→観察＋同一性判断　　　なし
未知証人＝なし　　　　　　　　観察＋記憶→記憶保持→観察＋同一性判断

　ですから、『刑事弁護実務』のような同一のメルクマールではまとめられないという主張です。

私としても説得力があると思いますね。この方向で整理できないかと考えております。

なお、上記1の試論に従えば、上の既知証人は、事後に面割り・面通し等の識別手続を行っていませんので（自分の頭の中で、「あっ、あの人だ」とやっているだけ。このほぼ一瞬の判断を識別というかどうかはよくわからない）、「目撃供述」として弾劾すれば足り、そもそも「犯人識別供述」として独立して取り上げる必要がないことになりそうです。さらに議論が必要ですね。

普段あまり考えないことでも、いざ修習生に教えるとなると、こんなことまで考えてしまいます。

図表10　証人の種類と弾劾

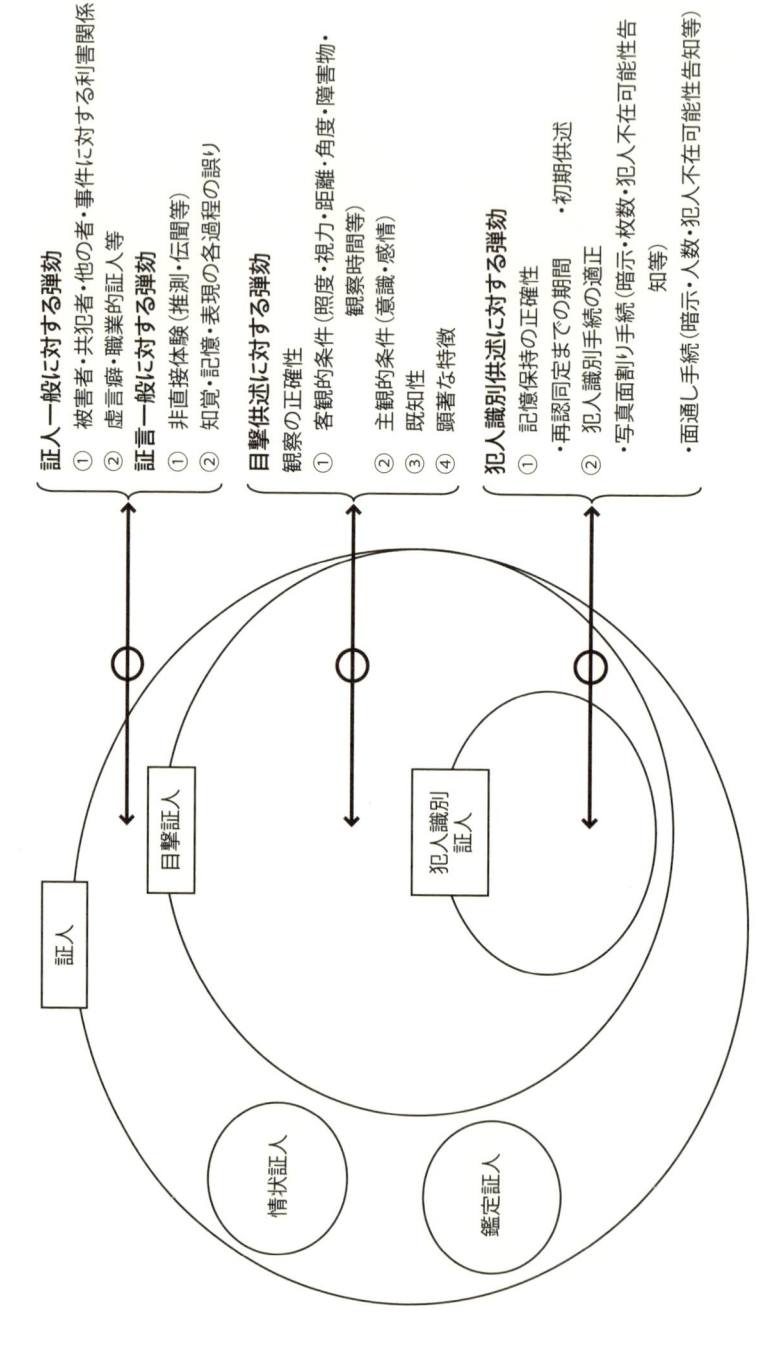

証人一般に対する弾劾
① 被害者・共犯者・他の者・事件に対する利害関係
② 虚言癖・職業的証人等

証言一般に対する弾劾
① 非直接体験（推測・伝聞等）
② 知覚・記憶・表現の各過程の誤り

目撃供述に対する弾劾
観察の正確性
① 客観的条件（照度・視力・距離・角度・障害物・観察時間等）
② 主観的条件（意識・感情）
③ 既知性
④ 顕著な特徴

犯人識別供述に対する弾劾
① 記憶保持の正確性
　・再認同定までの期間　・初期供述
② 犯人識別手続の適正
　・写真割り手続（暗示・枚数・犯人不在可能性告知等）
　・面通し手続（暗示・人数・犯人不在可能性告知等）

証人
├─ 目撃証人
│   └─ 犯人識別証人
├─ 情状証人
└─ 鑑定証人

和光だより (37)

現行62期前期──今日のポイント

2009.1.26

　寒さがつのり、風邪をひかれる方が目立ってきたようです。私の周りでも、マスクをしている人が増えました。さらに我が街町田市の鶴川の病院では、なんと112人がインフルエンザの院内集団感染。
　あな怖ろしやと思った矢先に、今度は家の近くのホテルで、ノロウィルスによる34人の集団食中毒……。
　皆様お気をつけください！　とりあえず、手洗い・ウガイを励行いたしましょう。

　さて、私がパワポを使わず、板書一筋だということは折に触れてお話ししてきました。今回は、講義講評の最初に板書した「今日のポイント」をご紹介したいと思います。
　実はつい先日から、この6月に研修所に戻って来る現行62期後期のカリキュラム合議が始まりましたので、前期はこの連中にどんなことを教えたのかをおさらいするために、本棚の奥にしまっておいた昨年のファイルを引っ張り出して確認したというわけです。
　「今日のポイント」を見れば、実際にその単元でしゃべった内容がだいたいわかりますね。
　教官共通のレジュメは、最低限こういう事柄を教えようという内容ですが、それ以外は各教官の裁量に任されているので、こういうところが実は腕の見せ所です。

　第1回　刑弁講義（刑事弁護導入）
　　1　刑弁は被疑者・被告人の立場（視点・目線）で
　　2　10対1でも勝ち。ホームラン・ヒットは要らない。
　　3　敵を知り己を知らば百戦あやうからず。
　　4　虫の眼・鳥の眼・土竜の眼

第2回　刑弁講義（初めての刑事弁護）
　1　「人の心の痛み」のわかる法曹に
　2　ウォームハートと、クールマインド

演習1　講評（模擬接見）
　1　なによりも身体拘束
　2　オープン・クエスチョン（接見）と、クローズド・クエスチョン（反対尋問）
　3　先が見えない不安の解消
　　・手続の流れ
　　・処分の見通し
　　・会社・家族関係
　　・次回来る約束

演習2・3　講評（保釈請求・証拠意見）
　1　伝聞法則を正確に理解しよう。
　2　論理的文章を心掛けよう。
　3　善循環を狙え。「悪循環を断つ」（ネガティブ）から、「善循環を狙う」（ポジティブ）へ

起案1　講評
　1　情況証拠に強くなろう。
　2　記録の読み方、メモの取り方を工夫しよう。
　3　自白の扱いに慣れよう。

第3回　刑弁講義（公判前整理手続）
　　捜査機関が作成する書類を押えよう。

起案2　講評
　1　違法な身体拘束下の違法収集証拠を理解しよう。
　2　供述心理学の力を借りて、虚偽自白形成過程を理解しよう。

第4回　刑弁講義（弁護士倫理）

1　時間・空間・そして人間（じんかん）
　2　運と縁と恩

　あらためてこうして見ると、初めて持った前期なので、いろいろと試すことができたようです。
　特に意図したわけではありませんが、初めのうちは、どちらかというと刑弁スピリッツ的なものが多く、演習・起案の講評を経てだんだん理論的なものに移行していき、そして最後の締めはやはり人生訓的なものになりました。
　もう前期を教えることはなく、最初で最後の前期担当でしたので、懐かしい気がします。
　一方で、残念ながら新修習期の集合修習ではとてもこれほど余裕がなく、一部を除きあまりこうした話をしてあげられなかったのが、少し申し訳ない気もしています。

和光だより (38)

教え子の活躍は教官冥利

2009.1.30

　昨日、霞ヶ関の弁護士会館での合議が午後9時少し前に終わり、例によって、悪い（？）飲み仲間から誘われて断りきれず、新宿発午後11時53分の最終のロマンスカーで帰る破目になりました。
　帰宅後、午前1時を過ぎて風呂上りにメールのチェックなぞしていたら、かつての教え子弁護士（現行60期15組）からの報告が目に跳び込んで来ました。

「明日、読売朝刊に私が担当した殺人未遂事件が掲載されます」

との文字が躍っています。
　早速、翌朝キオスクで買い求めてみると、あるある。「司法新時代・法廷からの報告4」で取り上げられていました。殺意を争い、正当防衛を主張した事案。
　判決は、殺意を認め正当防衛を否定したものの、懲役8年の求刑に対して、懲役3年の実刑判決。公判前整理手続段階からの弁護人の活躍ぶりにも触れられていて、なかなかの記事。ただ、記事には触れられていませんでしたが、彼が「国選」弁護人であったこと、「誤想過剰防衛」が珍しくも認められたことも書いてほしかったところですね。
　えっ、どうして知っているかって？
　前から相談を受けていたので、実は気になって10月27日の判決公判を傍聴していたのです。記事を読みながら、法廷で見た彼の若武者ぶりが蘇ってきました。
　教え子の活躍を見聞きできることは、教官冥利につきます！

　ところで、教え子からは、暑中見舞いや年賀状が届きます。
　今年はついに、教え子からの賀状が100通を超えました。
　その中には、「刑事弁護でこんなに苦労しています」というのもありますが、「弁護人からも一目置かれる検事を目指します」とか、「刑事弁護をやって本当によかったです」「そろそろ教官の熱い講義が懐かしくなってきました」などというのもあ

り、いろいろと近況報告をしてくれるので、それを見ると、老骨（笑）に鞭打ってでも頑張ろうなどとやる気が出てきます。
　メタボなどと言っている場合ではありません！　今年も頑張ろう！

和光だより(40)

卒業教官追い出し旅行——台湾

2009.3.11

　冬なのか春なのかわからない日があったりしますね。日によってコートを着たり脱いだり。今日は雪？　みぞれ？
　ただ、女子学生の卒業式の袴姿や、新入社員の慣れないスーツ姿などを見かけると、また新年度がやって来たなという実感が湧き起こります。

　さて、4月からの21年度には、4種類の修習生が和光にやって来ます。
　まず、4月に現行63期前期が2クラス。ついに我々の時と同じ制度で修習する者は2クラスになってしまいました。次の6月からは、現行62期後期が4クラス。昨年私が実務に送り出した大阪の連中が来て、そのまま私が担任になる予定です。8月からは、新62期集合Aが12クラス。9月末からは、同じく新62期集合Bが16クラス。以上合わせて34クラス。
　その他に、例によって正月明けには各地で実務修習中の新63期修習生（人数未定）に対する出張講義が全国であります。
　現在、すでに新任教官内定者を含めた合議が今月から始まっており、私の事務所の書棚には、上の種類に応じて背表紙を色分けしたファイルが20冊ほどあふれています。
　今年度、私は教官最上級生ですので、合議の司会やら白表紙記録の作成など、講義の他に責任ある仕事が山積しています。

　ところで、1月末に、卒業教官の慰労をかねて2泊3日の台湾旅行に行ってまいりました。昨年のグアムは参加できませんでしたが、今年は日程調整がうまくいき、また昨今の円高を利用しない手はないと考えて参加しました。2泊とはいえ、往復の飛行機を考えると、実際にフルに使えるのは2日目だけです。
　我々は、2日目の朝ホテルをチャーターバスで出発し、台北市内をめぐりました。

最初は「忠烈祠」。戦没者慰霊の施設だそうです。バッキンガム宮殿さながらの衛兵交代式を見学しました。
　次に行ったのが、言わずと知れた「故宮博物院」。展示品の多さにも圧倒されましたが、日本語が流暢で我々よりも日本通の現地ガイドさんの話がとてもためになりました。研修所の講義で使えそうな話が多々あり、参考になりました。
　例えば、入口近くの竹製の器。その中には、いかにも贅を尽くしたさまざまな高価な工芸品・玩具が入っています。それらは、中国各地から皇帝に贈られた名工が作った献上品なのですが、大きさも形もさまざまで、それら一つひとつがちょうど収まるように器ができています。
　この「器」の方が展示品なのでした。なるほど。私の大好きな「発想の転換」！
　また、唐の遺跡から発掘される「唐三彩」の女性の像。その顔はみな、たいそうよく似ているそうですね。このことから、当時の美人顔がわかるというのです。なぜなら、わざわざそうでない人のをたくさん作る理由がないからだそうで……（私が言ったのではありませんよ。ガイドさんの話）。
　「雲龍紋」という紋様があります。龍が描かれているのですが、その足の指の数が作品によって違うらしい。普通の大名は3本、将軍になると4本。指が5本描いてあるのは皇帝しか使えないそうです。へええ。
　珍しいところでは、「登竜門」にまつわる彫刻。竜門を登ったばかりの鯉に、角と髭が生え始めているものがありました。わざわざその瞬間を捉えて彫るところが面白い。
　他にも有名な「翠玉白菜」（緑と白の翡翠を白菜に彫ったもの。虫が2匹留まっている）や、「馬上猿侯」など、全部を見て回ったら何日かかるかわからないほどでした。

　次に寄ったお茶屋のおばちゃんは、口が達者で驚きました。
　その説明によると、烏龍茶にもいろいろな種類があり、採れた山の高さに応じて値段が違うそうですね。一番の高所で採れるのが、「阿里山烏龍茶」。確か2,000メートル以上。値も一番高い。次が「高山烏龍茶」、そして一番下が「凍頂烏龍茶」だそうです。
　ややこしいのですが、おばちゃんはその説明にかかると、今まで横に並べていた3箱のお茶の箱を縦に3段に積み上げて、見事高さの違いを客の視覚に訴えたのでした。

うまい！　これは使えそう。

　その後は、「台湾民主記念館（旧中正記念堂）」「龍山寺」などをまわり、バスの中から「旧台湾総督府」などを眺めて、夜は四川料理に舌鼓を打ち、賑やかな「夜市」の屋台などを見物しました。つかの間の旅行でしたが、いいリフレッシュになりました。
　今年も1年頑張れそうです。

和光だより(41)

12人の怒れる男

2009.3.24

　暖かくなりましたね。
　和光に新しい修習生を迎える4月が、すぐそこまで来ました。そして、5月からは裁判員裁判の開始ですね。
　まだ実際に始まっていないので、どうなるか予測は困難ですが、世上言われるような「義務」にばかり目を向けないで、国民の権利としての「司法権の行使」という側面もきちんと理解してもらいたいものです。

　ところで、模擬裁判などで、裁判官・裁判員の評議を見ていつも思い出すのは、映画『12人の怒れる男』。『12人……』といえば、言わずと知れた裁判映画の名作ですが、私の知る限り、映画化は3回なされているようです（その他に『12人の優しい日本人』という一種のパロディ劇もありますが）。
　1957年公開が、シドニー・ルメット監督、ヘンリー・フォンダ主演。
　1998年公開は、ウィリアム・フリードキン監督、ジャック・レモン主演。
　そして、最近入手したものとして、2007年公開のニキータ・ミハルコフ監督主演（なんとロシア映画！）。
　ルメット版ですべて白人男性であった陪審員が、フリードキン版では白人以外も含まれていて、時代の流れを感じさせられました。
　ただ、女性陪審員はいませんでしたが、これはストーリーの制約からくるものなのかもしれません。また、ミハルコフ版は、オリジナル・ストーリーの骨子はほぼそのままに、ただ舞台を現代のモスクワに移し、チェチェン人少年のロシア人養父刺殺事件を扱ったものです。

　この『12人……』は私にとって、単なる大好きな映画というにとどまらず特別な意味を持っています。
　記憶が定かではありませんが、初めて観たのは大学時代にテレビの名画劇場だったと思います。「こんなに面白い映画があるのか」という驚きとともに、陪審室

での白熱した、しかし証拠をもとに事実を推理して理論的に進める議論が大変面白く印象に残りました。

次に観たのは、大分時が経ってからで、司法研修所の後期修習中でした。

最近の若い方々はわからないでしょうが、当時は「自宅起案」というのがあって、研修所に行かずに自宅で白表紙の起案をするのです。

我が家には、よちよち歩きをすでに卒業した長女と、生れたばかりの二女がいて（もちろん妻もいて）、とても家の中で起案するなどできない相談でしたので、当時住んでいた府中市の中央図書館で起案するのが常でした。

そんな折、確か検察起案の時、さすがに起案に飽きてしまい、図書館の中をブラブラしていて映像コーナーにたどり着きました。映像といっても、今のような小型のDVDではなく、今は懐かしき大型のLD（レーザーディスク）でした。その中に『12人……』を見つけたというわけです。さっそくブースに入り視聴し始め、すでに1回観ているのだから、最初は適当なところで止めて起案に戻るつもりが、結局面白さに引きずられて最後まで観てしまいました。

その時は、思わず時間を浪費して、「しまった」という気分でしたが、今思うと、その後の私の人生に大きな影響を与えた一瞬だったんだなと感慨ひとしおです。というのも、司法研修所教官をやらせていただくに至る遠因が、この『12人……』だからです。

最初のきっかけは、まだロースクールができる前、2001（平成13）年12月に行われる横浜国大の実験授業で刑事法の担当になったことでした。それまで暖めていた、「あの『12人……』を題材にして証拠と事実認定について考えてみよう」という漠然としたアイデアを実行に移す機会が来たと思いました。

私は、8月の夏休みの大部分を使って、「証拠の構造」をテーマとしたテキストを作りました。以前、和光だより（5）で触れた証拠構造図の応用編です。

12月に実際に講義した時は、残念ながら受講生のほとんどが法学部出身でなかったこともあって、それほど手応えは感じられませんでした。

そこで、今度は修習生を実験台（？）にしてみようと思い立ち、修習委員として幹事を担当した55期の有志と自主ゼミでやったのが好評で大当たり。興味を持ってくれた者が多数いて、「これならものになる」などと考えました。

その後も、56〜60期の連中と自主ゼミを行いました。

なお、当時のメモによると、55期のゼミの当日は、夜間一般講義で担当した「民

事介入暴力対策」を解説した後に、午後7時半から自主ゼミとあり、この日は2つ講義をしたことになっています。我ながらよく頑張ったものだ。

また、最初に実験台になってくれたこの55期3班の中には、現在刑事弁護センター委員として活躍中の妹尾会員もいて、その時の私のテキストを発展させた形で、現在、研修教材に取り入れていただいております。「生みの親」として嬉しい限りです。

ルメットも、まさか半世紀後に、自分の作った映画が極東の小さな島国で法曹養成の教材として使われるとは予想だにしなかったでしょうね。

その後、この実験授業が縁で、ロースクールの教員を務めさせていただき、さらに司法研修所教官へとつながって来たというわけです。

ところで、現在は期間短縮に伴って教官も修習生もなかなか時間的余裕がなく、本当はこの『12人……』を題材にしたテキストと、その後作成した「尋問の研究」「公判調書の記載から学ぶ刑事訴訟手続」を加えた三部作を修習生に教えたいのですが、正規のカリキュラムの最中に実施することは不可能となり、結局、研修所に来る前の実務修習中の有志を相手にゼミをするという形に落ち着きました。

昨年は、名古屋修習の連中に呼ばれて名古屋まで行って来ましたし、今年は来月半ばに、大阪の連中に呼ばれて大阪まで行く予定でいます。

「弁論要旨」起案の解説より、この方がよっぽど面白いし修習生のためになる（笑）、などと言うと教官にあるまじき発言と捉えられてしまいそうですが、例えば証拠構造を図解する練習など、これからの裁判員裁判に役立つのではないかと秘かに思っております。

今まで見た模擬裁判で痛切に感じたのは、大雑把に言うと、検察の「図解パワポ」と弁護の「文章パワポ」との差でしたから、ちょっと工夫して証拠の構造をわかりやすく裁判員に示すことができれば、なにも「動画」である必要はないわけで。私の好きな「模造紙」だって捨てがたいくらいです。

また最終弁論も、文章を読むのではなしに、その図解だけを机上に置いて、裁判員に向かって理路整然と述べれば、インパクトのあること間違いなしと思うのですが……。

どうでしょうか。

（追伸）
あの映画で男達は何に対して怒っているのでしょうか。
白熱した議論の相手方ではなさそうですね。
証人となった階下の老人や向かいの女性……でもなさそうです。
やる気のない裁判官や官選弁護人？
それとも司法制度全体？
いろいろ考えさせられます。

教官3年目

和光だより（42）

富士は日本一の山

2009.4.10

　今朝も、白妙の富士が綺麗でした。
　昨晩は9時40分まで教官室の合議があり、その後から飲み始めて帰りが午前様だったので、今朝は二日酔い状態でしたが、お陰様で目がすっきりと覚めました。
　ロマンスカーで町田から小田原に向かう時、海老名を過ぎて厚木の手前辺りで右の窓にちょこっと頭だけ見せた富士が、意外にも秦野駅手前で左手に姿を現し、新松田の手前で今度はまた右に回って一番美しい姿が見られます。
　今朝は特に、真っ白な雪を被った富士が快晴の青い空に映えて、その上、疾走するロマンスカーの窓を真横に流れる桜吹雪が加わって、それはそれは美しい光景となりました。

　私の実家は、小田原市でも東のはずれの丘の上なので、2階の窓からいつも富士山が眺められました。窓から少し離れて眺めると、ちょうど額縁に入った一幅の絵のよう。
　また、小学校・中学校の校庭からもよく見えていたので、あまりに当たり前の光景過ぎて、富士山に対して特別な思いを抱くことなく育ちました。
　しかし、今ロマンスカーの中で、「あっ、富士山が見えた。綺麗だね！」と嬉しそうに話している親子連れを見ると、普段見ていない人達にとっては、富士山は特別な存在なんだなとあらためて感心します。「富士は日本一の山」と言いますが、あれは単に高さが一番というだけでなくて、その美しい姿をも讃えているのでしょうね。古来、歌人が富士を歌い続けてきたわけがなんとなくわかります。

　「田子の浦ゆ　うち出でて見れば真白にぞ　不尽の高嶺に雪は降りける」
　　　　　　　　　　　　　　　　　　　　　　　　　　　　（万葉集）
　「田子の浦に　うち出でて見れば白妙の　富士の高嶺に雪は降りつつ」
　　　　　　　　　　　　　　　　　　　　　　　　　　　　（新古今）

「真白き富士の嶺　緑の江ノ島」　　　　　　　　（七里が浜の哀歌）

　そう言えば、私が卒業した小学校・中学校・高等学校の校歌には皆、聳える富士山・箱根山を仰ぎ見るという共通の情景が歌い込まれていることに気づきました。作詞の先生方にとっても、校舎・校庭から山が見えれば、やはり歌いたくなるのでしょう。

　さて、明日の午後には、昨年暮れに卒業した新61期18組の連中（裁判官・弁護士）が事務所訪問（？）の名目で小田原に遊びに来ます。本当は日帰り温泉がお目当て。
　そして、来週末は、新62期8組のクラス旅行で金沢に一泊。
　さらに、再来週末は、現行62期4組の連中が待つ大阪で強制的（笑）自主ゼミの講師で一泊。
　今月は、教え子課外活動月間ですねえ。

（追伸）
　観光季節になると、町田・小田原のロマンスカーの往復で、特に土日には観光客の姿が多く見られます。
　土曜の朝は、こちらが仕事に向かうという時に、あちらは朝から旅人なので、缶ビールやら缶酎ハイやらが飛び交っています。こちらは生ツバを飲み込むばかり。
　しかし、日曜の夕方ともなれば、こちらも仕事を終えた安堵感も手伝って、観光客になりすまして生ビールなぞをゴクゴクとやっちゃいます。
　「木の葉は森に隠せ。死体は○○に隠せ」は、かのギルバート・K・チェスタートンが生んだ名探偵ブラウン神父の至言ですが、私も木の葉になったつもりで、観光客の森に隠れるというわけです。
　森に隠れて飲むビールは美味いですよ。

和光だより（43）

図解重視傾向

2009.4.28

　教官も残りあと1年となりましたので、板書の図解にさらに磨きをかけようと思い、新しく、ツールとしての図解テクニックの本などを買い求めました。

　なるほどためにはなりましたが、地の文の中に図解のルールや記号の解説をした長いくだりがあり、それがちょっとばかりわかりにくかったので、いつもの私の癖で、ページの余白に思わず図を描いておりました（うん？　これっていったい……）。

　この図解重視傾向はいつ頃芽生えたのか、つらつら考えるに、大学受験の頃はそうでもなかったでしょうから、その後、おそらく司法試験の受験勉強中でしょうね。概念の相互関係をよく「ベン図」や「樹形図」にして、基本書（←これも今や死語？）の余白に書き込んでいました。

　弁護士になってから、さらにその傾向が強まった気がします。さまざまな相談に応じていたうち、その相談者の目の前で事案の概略を図に描いて整理し、最後にその図をコピーして渡すことがよくありました。

　今考えると、これといって大したことのない図なのですが、その依頼人にとっては、「世界に2つとない自分だけに弁護士が描いてくれた図」となって、有難みが増すばかりか、「次の打合せに必ず持ってきてくださいね」と促すことで、情報を常に共有しながら打合せできるメリットが大きいのですね。ほとんどの方がおし戴くかのようにして（笑）お持ち帰りになります。

　図と言えば、弁護士になりたてのある日こんなことがありました。

　師匠の杉崎と2人で、新件の仮処分の構想を練っていて行き詰まり、なかなかまとまらず、途中でいったん夕食に出かけようということになりました。

　出かけた先の居酒屋のカウンターで食事しながら、やはり考えることは仮処分のこと。議論を続け、杉崎が「割り箸の袋」を開いて、裏の白紙部分を即席のメモ用紙にして、そこに描きながら、ああでもないこうでもない、と2人で議論してようやく構想がまとまったという経験がありました。

今は懐かしい思い出です。
　ある業界では、常にメモをとれということを、

Back of the envelope（封筒の裏）

と表現するそうですが、小田原の「箸袋の裏！」も負けていないですね。

　さて、研修所では、1つの講義のために、教官室で10回くらいの合議を重ねることは前に紹介しました。担当者が寝る間も惜しんで資料を作り、それをたたき台にして討論するわけです。ただ、そうして講義レジュメを完成させた場合でも、それはあくまでも、修習生の起案を見る前に完成しているものですから、良く言えば「網羅的」ですが、見方によれば実際の修習生起案の間違いや傾向などから若干外れたものになりがちだと思われます。
　修習生の提出起案を見て初めて、多くの者が勘違いしやすい論点と、そうでもなくてだいたいの連中がわかっている論点とがわかり、力の入れ方を変えてメリハリをつけることができます。そのため、私の場合、起案の添削がだいたい終わってからでないと、その講義の重点も決まらないし、板書する内容も決まりません。
　そこで、私の図解は前日までに完成できればいいと思っていますし、1回で満足できる図が描ける方が少ないので、たいていは数回描き直しということになり、講義当日の朝、和光市駅前のロイヤルホストで完成、ということも何回もありました。

　話変わって、先日、三部作の自主ゼミのために大阪へ行った際、「抜き打ちテスト」を初めてやってみました。
　おお、「抜き打ちテスト」。何という甘美（?）な響き……。
　教える立場になって1回はやってみたかったことが、ようやく実現しました。
　と言っても大した問題ではなく、「これは大事だからマスターしておけよ」と前期にしつこく言っておいた、例の「証拠構造図」（図表1）の穴埋め問題。図を完成した後、さらに、

「検察官立証の直接証拠としては、例えば何と何があるか」

などと質問し、

「自白です」

という答えが返って来たら、

「他には？」

と質問します（答えは、被害者供述、目撃者供述、防犯ビデオなど）。
　そして、次に各論に入っていきます。

「直接証拠はストレートに要証事実を証明するので、中間命題がないから、証拠そのものを弾劾するしかないね。では、自白はどのように弾劾する？　まず2つのレベルがあるけれど、何と何？」

ってな具合で質問を続けていくわけです（答えは、証拠能力と証明力）。
　次の質問は当然ながら、

「じゃあ、証拠能力のレベルでは、どんな弾劾方法がある？」

という具合に発展していきます（答えは違法収集自白、不任意自白、署名押印なしなど）。
　この調子で、自白の信用性の弾劾方法まで答えさせるわけです。
　今回は、実際に自白の信用性を弾劾する時に板書した説明図をご紹介しましょう（図表11）。

　過日、ある別の集まりでこのような説明をしていたら、たまたまご出席されていた、最近あまり刑事事件をやっていそうもない修習副委員長の41期三浦先生からも、「わかりやすかった」というお言葉を頂戴しましたので、「あの方に理解していただけるのなら、まんざらでもないか」と妙に納得してしまいました（笑）。

図表11　自白信用性弾劾説明図

〈客観的事実との不整合〉

	積極的事実	消極的事実
犯行関連		
上以外		

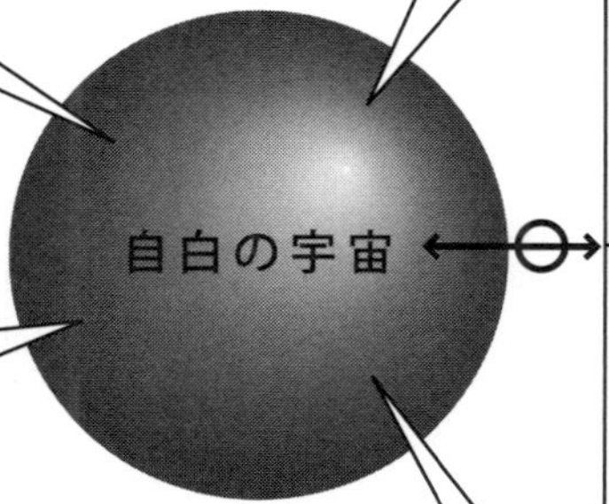

〈秘密の暴露の不存在〉

	指摘事項	否定理由
犯行関連		
上以外		

自白の宇宙

〈自白に至った経緯、動機〉

〈自白内容の変遷〉

	変遷箇所	推定変遷理由
犯行関連		
上以外		

〈自白内容の不合理性〉

	矛盾	>不合理	>不自然
犯行関連			
上以外			

教官3年目

和光だより（号外）

質問に答えて②

2009.5.1

　和光だより(43)に対して、何人かの方から個人的に質問がありました。概略、

「自白の証拠能力の弾劾のところで、『署名押印なし』とあるが、署名押印のない調書を検察官が証拠請求することなどおよそ考えられないので、これを論ずる実益がないのではないか」

という趣旨です。
　確かにそんな調書にお目にかかったことはないので、ストレートに論ずることはないのかもしれませんね。ここは少し説明が必要でした。
　私が講義で説明するのは、

「形式的に署名押印あり、しかし実質的には署名押印なし」

と評価できる調書のことでした。
　伝聞証拠のうち、書面性ゆえに本来証拠能力がないところを、法が例外的に証拠能力を認めた「供述代用書面」（法321・322条）にあたるものとして、「供述書」と「供述録取書」がありますね。
　後者について、録取者の署名押印のほか「供述者」の署名押印も要求されるのは、その録取書がいわば二重の伝聞であるから、録取の正確性を保障するためであると説かれています。

　1　そうすると、調書の記載上は署名押印があっても、例えばいわゆる「読み聞け」がなされなかった場合には、内容についての正確性の保障がなされなかったという意味で、「実質的に署名押印なし」として証拠能力を争えるわけですね。
　少し古いですが、この点を判示した函館地判平9・3・21判時1608・33は、

「供述録取書は、原供述を聞き取った者がその内容を書面で報告するという意味において、二重の伝聞性を持つ証拠である。その上、捜査官による供述調書は、単に供述者が自発的に述べたことをそのまま書き取るものではなく、取調べの結果を事後的に整理し、編集集約して記載するものであるから、原供述が意識的無意識的にゆがめられて記載される危険がある。従って証拠能力を具備するには、客観的に供述されなかった事項が記載されたり、供述者の供述内容と矛盾するような内容が記載されていないこと、調書の記載内容の正確性を確認した上で供述者が署名捺印することが最低限の条件である」

と論じており、石井一正『刑事実務証拠法〔第3版〕』(判例タイムズ社、2003年) 191頁でも、

「形式的に署名押印はあるが、録取の正確性についての確認という実質をともなわないものは、署名押印の欠缺と同視される……調書の閲覧または『読み聞け』もないし、供述者がその内容を了知する機会も全くない調書は、形式的に署名押印があっても、刑訴法321条1項、322条1項にいう署名押印を具備しないものとされる(浦和地決平4・1・16判タ792・258)」

と論じられているのです。
　したがって、読み聞けのなかった調書については、「署名押印なし」として争う余地が十分にあるかと思われます。

　2　さらに、以前問題になったものとして、「ワープロ調書の弊害」がありました(「季刊刑事弁護」29号〔2002年〕77頁以下の秋田真志弁護士執筆の刑事弁護レポート・大阪地判平13・6・29)。この例では、あろうことか、「被害者」のワープロ調書のファイルを流用して、主語を入れ替えて、「被疑者」の供述調書が作成されたことが明らかになったと報告されています。
　この判決自体は「信用性なし」としたようですが、これなどは、「実質的に署名押印がない」、あるいは「そもそも供述録取書に該当しない」として証拠能力を否定して然るべきではなかったかと思われます。

和光だより (44)

補助線の話

2009.5.8

　以前、補助事実と補助証拠の話をしましたが、今回は「補助線」の話。
　どうしても解答が思いつかない時や、なんとなく答えはわかっていてもモヤモヤしてうまく説明がつかない時など、1本の補助線を引くことで、あっ、ということがありますね。
　はるか昔に、初等幾何でやった数々の証明問題などがそうです。例えば中学時代の幾何でよく出てきた「中点連結定理」を用いる証明問題とか。あるいは1本の平行線を引くことで錯角や同位角が等しいという定理を使えたりしました。
　また文章題でも、発想の補助線とでもいうべきものがあったりしますね。例えば、昔やった「流水算」「旅人算」などは、大地（＝地球）の一点を基準にすると話が込み入ってわけがわからなくなるのですが、発想を転換して、流れる川の水、歩き続ける一方の旅人を基準にすると答えが見えてきたものでした。
　また、「通過算」の補助線は、列車自身の長さ。鉄橋を渡りきるのには、橋の長さに加えて列車の長さ分だけ多く走らなければなりませんが、逆にトンネルに隠れている時間を知るには、トンネルの長さから列車の長さ分を引くとか。
　極めつけは、「鶴亀算」でしょう。

「鶴と亀が合わせて5匹いる。姿は見えず、見えている足は全部で16本。それぞれ何匹？」

という問題。この時、XやYを使って連立方程式で解くのは、中学生以上ですね。ここは小学生になって解きましょう。この場合「発想の補助線」は、

「全員が亀だったら？」

というものです。
　それで、亀に化けるために、鶴には「補助線」を引いて義足を2本ずつ持って

もらう。すると、5匹全員で4本×5匹＝20本になるはずですね。実際は16本というのだから、必要な義足はその差4本。つまり2匹の鶴が義足を2本ずつ持っていることになります。したがって、5－2で亀は3匹。

　思い出しましたか？

　ただ、この手の問題を子供達に教えるには、足の数が多い方に合わせるべきで、間違っても、「全員が鶴だとして、亀の前足を2本ずつ切って……」などとやると、動物愛護協会の人がすっ飛んできますからご注意を。

　もっとも、亀の特性を生かして、「この亀さんは器用なので、前足2本だけを引っ込めてもらいましょう」とやればオーケーです。むしろその方がエレガントかな。

　さらに、稀にはある種の事件の解決にあたっても、補助線が引けると、それまでモヤモヤしていた疑問が雲散霧消することがあろうというものです。

　例えば、アイロン紛失事件。

　大昔、小学生の頃に、テレビドラマ（確か『七人の刑事』だったか）を見て感心したもの。殺人現場からなぜかアイロンだけがなくなっていたことが後に判明したというものでした（再放送はなさそうなので、以下ネタばらしになりますがご容赦ください）。

　「アイロン」と「犯人」をつなぐ「補助線」は何か？

　……正解は、「火傷」でした。

　犯人は、大分前から画面に登場しており、「手に怪我をした」と言って包帯を巻いていた人物でした。被害者との格闘中に、すでに高熱に熱せられていたアイロンが手に触れ、火傷をしたというものです。これを無力化するために、火傷を連想させるアイロンを持ち出したというわけです。

　刑事から、「包帯を取れ」と言われて観念したシーンが印象的でした。これなどは、

　「犯人が犯行現場に痕跡を残す」（並存的情況証拠としての指紋・毛髪・足跡など）

の逆を行ったもので、

　「犯行現場（にあった物）が犯人に痕跡を残す」

教官3年目

という例ですから、私好みの逆転の発想でもあります。

　次は、例えば飼い猫殺し。
　現在、愛知県蟹江の家族三人殺傷事件が捜査中ですのであまり不謹慎なことは言えませんが、私が知る限り、「物言わぬ飼い猫まで殺すとはよほどの恨みか？」というのがマスコミ一般の報じた論調でした。
　今回の猫がどのような状態で発見されたか不明ですから、軽々に申せませんが、果たして猫は何も語らないと言えるのか。
　仮に少し内容を変え、ミステリー仕立てにして、「なぜか飼い猫が連れ去られていた」とか、「なぜか前足が切断されていた」（残酷な話で申し訳ありません。鶴亀算で既出ですのでお許しを）という謎にすると、「補助線」を引きやすくなりそうです。
　この場合、「飼い猫」と「犯人」を結ぶ補助線は？
　アイロン紛失事件の火傷の応用ですね。

　……そう、考えられるのは「引掻き傷」。
　たまたま現場に現われた飼い猫に、犯人が引っ掻かれてしまったため、「体に付いた引掻き傷」を無力化する目的、さらには、「猫の前足の爪に付着した皮膚片や衣服の繊維片」を隠匿する目的と考えられます。後者の「切断」は、猫の体ごと持ち出すことができない事情があったケースになるでしょうか（例えば外に出たところを見られるので、鞄に入る限度で持ち去ったとか……）。

　さてさて、我々教官も、修習生たちに何から何まで教えるわけにはまいりませんから、せめてこうした「補助線」の引き方だけでも伝えられればよし、というところでしょうか（異議あり！　今回の話題を無理矢理修習生に結びつけようとしている！　……認めます）。

和光だより (45)

みどりのそよ風

2009.5.22

　今朝は涼しげですが、昨日までは初夏の気配を飛び越して、夏そのものの陽気でしたね。それでも緑陰の歩道を歩いていると、司法研修所の隣にある「樹林公園」の木々の梢を渡ってくる風が清々しく感じられます。
　ところで、以前コマーシャルで子供達が歌っていたのを聞いて、何十年ぶりかで懐かしく思い出した歌があります。

「みどりのそよ風　いい日だね　蝶々もひらひら　○○の花
なないろ畑に　妹の　△△△△つむ手が　可愛いね」

　小学生の頃、音楽の時間に合唱した覚えがあります。
　スタッカートを効かせて、みどりの「そ・よ・かあぜ」とやったっけ。しかし、いくら考えても、「○○」と「△△△△」に入る言葉が思い出せません。調べよう調べようと思っているうちに、コマーシャルも放映されなくなってしまいました。皆さんわかりますか？　歌の調子からいって、あまり派手な花でないことはわかるのですが……。
　そういえば、日本人はどちらかと言うと控えめな花を好むのかもしれません。芭蕉の句に、

「山路来て　何やらゆかし　すみれ草」

という句がありますね。道端に健気に咲いている紫の菫。「何やらゆかし」が効いています。

「富士には、月見草がよく似合う」

　これは、今年生誕100年を迎えた太宰治の「富嶽百景」。雄大な富士山を背に、

凛として立つ黄金色の月見草という取り合わせが妙。

「待てど暮らせど来ぬ人を　宵待草のやるせなさ」

と歌ったのは竹久夢二。これは黄色のマツヨイグサを指すのでしょうか。月見草とは別もののようです。夢二独特の、あの儚げな女性の姿が浮かんできます。

「むめ一輪　一輪ほどの　暖かさ」

は、服部嵐雪の句。
　梅は、薔薇などと違って、「香り」という表現が似合いません。梅の「香（か）」と呼ぶのがふさわしい気がします。しかし、私がかすかに匂う梅の香に気づかされたのは、40歳を過ぎてからでした。梅の里出身なのに遅い！　鈍感！
　それから、懐かしきビリー・バンバンの歌にあるのは、

「山のふもとの小さな村に　咲いた可愛いれんげ草よ」

可憐な紫紅色のれんげ草が心を癒してくれます。

　さて、冒頭の○○と△△△△の正解は、その後、ひょんなことからわかりました。
　実は、和光市駅前の花壇の中に小さな時計塔があるのですが、その横に記念碑が建っていて、当地在住だった童謡詩人清水かつらさんの代表作が刻まれています。
　その中に、例の「みどりのそよ風」もあり、他には「靴が鳴る」「叱られて」の歌詞も刻まれていました。今まで、まるで気がつきませんでした。目先の授業や採点添削で手一杯だったので、心に余裕がなかった証拠でしょうか。3年目にしてようやく、記念碑を落ち着いて見ることができたということでしょう。
　その碑に刻まれた歌詞によると、○○は「まめ」、△△△△は「つまみ菜」であることが判明しました。しかし、それを見ても、ああそうだったと思い出すわけでもなく、まったく人間の記憶は当てになりません。しかも、田舎育ちのくせに、「豆の花」がどんなものかよく知りません。
　それに、「つまみ菜」って何？　聞いたこともないような。今回辞書で引いてみた

ら、「間引くために摘んだ若い菜」だそうです。へえ、菜っ葉の種類じゃないんだ……。

　昔テレビで、『だいこんの花』というドラマがありましたが、あれと同様、豆の花も、バラやダリアなどと違ってあまり自己主張しない花なのかもしれません。

　さて、皆さんの周りにはどんな花が咲いていますか。

　たまには歩みを止めて、そっと眺めてみましょうか。

（追伸）

今回の和光だよりは、

① 　松尾芭蕉の本を読み終えたところへ（すみれ草）
② 　和光市駅前でたまたま記念碑を発見し（豆の花）
③ 　池袋の書店で太宰生誕百年フェアを見て（月見草）
④ 　新聞紙上に夢二の歌が掲載されているのを読み（宵待草）

　これらをわずか2・3日の間に体験させられたという天の啓示（笑）があったものです。

和光だより (46)
修習生の食事情

2009.6.5

　先日、現行63期前期修習が無事終了したとの報告が、2人の担任教官よりありました。
　刑弁教官20人のうち担任は2人だけでしたから、いろいろな意味で苦労も多かったと思われます。最終講義でこみ上げてくるものがあったという話を聞いて、昨年の自分を思い出しました。

　さて、今回は修習生の食事情などを。
　研修所の食堂は、各教官室のある「本館」の、中庭を挟んで北側にある「図書館棟」の2階にあり、本館2階の刑弁教官室からは、階段を使わずに回廊をぐるっと回って行けます。修習生用の第一食堂と、教職員用の第二食堂とに分かれています。
　では、メニューを紹介しましょう。

　まず、売れ筋（?）のランチが400円。これには、Aランチ、Bランチ、Cランチがあるようです。
　ある日の献立では、Aが「シチューバーグ」、Bが「鯵フライと牡蠣フライ」、Cが「カレーライス＋汁付き」でした。日替わりなのか週替わりなのか、実は2日続けて行ったことがなく、というよりも年に数えるほどしか行かないので、献立がいつ変わるのかよくわかりません。ご飯や汁物は自分でよそるので、値段を変えないまま、さじ加減ならぬ杓文字加減で大盛りにもなります。
　麺類もあります。
　「中華麺400円」と「和麺300円」と書いてあるのが面白い。
　中華麺は当然ラーメンのことですが、和麺は「うどん」「蕎麦」のことでした。
　「和麺」という言葉を初めて知りました。
　その他に、贅沢（?）な小皿の一品料理が、100円で追加できます。ですから、500円あればお腹一杯で、大変経済的ですね。

研修所を出て、バスに乗り和光市駅まで行くと、いくつかお店があります。
　クラス会でよく使われるのが、「魚民」「千年の宴」「日本橋亭」「坐・和民」「土間土間」など。その他、「さくら水産」「松屋」「ロイヤルホスト」「ガスト」（ここは少し前までバーミヤンでした）「ケンタ」「イタトマ」「ドトール」など大概の安い店は揃っています。
　講義と質問タイムが終わってから、「時間のある人は、ビール一杯とつまみ一品くらいならご馳走するよ」などと修習生を誘うのは、いずみ寮から歩いて7、8分で行ける和食れすとらん「とんでん」。
　やって来た寮の連中は、通所生と違ってあまりアルコールを飲みません。だからといって、もちろん遠慮しているわけではありません。彼らは、毎日の研修所食堂の献立に飽きていて、しかし頻繁に外食するほどの経済的余裕がないので、私が誘うとみな「栄養補給中心主義」に則り、ビールなどあまり飲まないで、食いに食っていますね。
　修習生の中には、ばか正直に、「教官、○○鍋、頼んでいいっすか？」などと言う輩もいて、こちらが、「好きなだけ食え」とでも言おうものなら、

「まじっすか？」

（本来の「深刻」「真剣」「本気」という意味でなく、英語で言うと、「Really？」の軽い意味です）などと言いながらも、遠慮なしに本当に、むしゃむしゃ、がつがつ、ばっくばっく食べるので、特に給料日前など「こいつらどれだけ食うんだ」とハラハラしますけれど、逆に見ていて気持ちいいくらいですね。
　そして、食べ終わると、

「やっべ。なにげに超うまいっすみたいな」

などと、のたまいます。わからない方のために正しい現代日本語に訳すと、

「危険な領域に達していると思われるほどに程度が高く良い。ことさらに意図的というのでなく何気なく言うとすれば、とびきりたいそう美味しいです、という表現が当てはまるような気がします」

となります(笑)。
　しかし、これだけの意味を持つフレーズを、たったあれだけのカタコト日本語で表現できるとは。現代若者おそるべし！
　私達は、こういう言語を話す人種に講義しているのです。
　本当はここまでひどくはありませんが(←念のため)。

(追伸)
　宵のうちに、「ちょいと一杯」や「小一時間」、「軽く一献」などと飲み始めて、それで無事に終えたためしがありません。一杯が二杯、二杯が三杯に…。一時間が二時間、三時間……。一献が二献三献に(？)。
　そんな時、酒をこよなく愛した歌人の思いがよぎります。

「かんがへて飲み始めたる一合の　二合の酒の夏のゆふぐれ」(牧水)

　最初の「の」の一字が、ものの見事に酒飲みの心を言い表していますね。
　飲む時はいつも一升懸命の私です。

和光だより(47)
裁判員制度

2009.6.20

　暑いですねえ。夏がやって来ました。
　「奴らが……戻って来た！」
　と言っても、「ターミネーター」や「トランスフォーマー」ではありません。
　昨年6月に大阪へ送り出した現行62期4組の連中が、一回りも二回りも大きくなって、65名中1人も欠けることなく、1年間の実務修習を終えて無事和光に帰って来ました。

　今回は、最初の「講義1」で何人かの者に、大阪での実務修習、とりわけ刑事弁護修習についての感想を聞いてみました。
　ある者は、弁護人が一生懸命弁護活動をしたのに被告人から裏切られた場面に遭遇して考えさせられたと言い、また、ある者は被告人が概ね事実を認めているのに、弁護団が法律問題のほころびを突いて争い、早期決着を望んでいた被告人の意に沿わない弁護方針で振り回された話などをしてくれました。
　何度却下されても保釈申立を頑張る弁護人の姿を見た者もいました。
　研修所で、なかなか触れられない微妙な問題にも関心を持って修習してきたことがわかり、少し見直しました。
　数えてみたところ、3カ月の弁護修習中に弁論要旨の起案をした者が65名中50名を超えていました。そのうち否認事件は6名。また保釈申立書を起案した者も数名いました。
　さすが、刑弁先進国大阪。
　修習生の顔つきも前期に比べて随分引き締まった……奴もいれば、変わらない奴もいるなあ。

　さて、ここへ来て、裁判員制度に関する報道が喧しいですが、どうも目先の煩わしさや出頭義務・守秘義務などの「義務」関連に関心が偏っていて、もう一方の「権利」の行使という側面が手薄のような気がしてなりません。

もちろん、今回の制度にはいろいろ問題もあり、諸手を挙げて賛成というわけにはまいりませんが、それでも、国民が司法に参加する意義は大きく、画期的なことに間違いありません。
　しかし、これまでの裁判所や法務省の広報活動は、「従来の裁判がいかにおかしい結果を生んできたのか」という負の部分の説明がなかったり、「国民の司法参加がどうして必要なのか」という根幹の説明がわかりにくかったきらいがありますね。
　私は次のように説明しました。
　まず、「国民主権の原理」の現れ方を、「ビリヤード」（球突き）に喩え、ホワイトボードに長方形のビリヤード台とその中に白い「突き球」と赤い「的球」の絵を描きました。そして、キュー代わりにした「指示棒」で球を突く動作を交えて、球の動きを矢印で書きながら説明しました。

① まず、直接民主制なら、ノー・クッション（壁に当てない）で白球を直接赤球に当てればよいから、狙えば当りやすい。
② 我が国は間接民主制（代表民主制）なので、選挙によって代表を選ぶというワン・クッションを入れないと立法権が行使できない仕組みになっているが、それでも壁に1回当てるくらいなら、2・3回やって狙えばだいたい赤球に当てられる。つまり、立法には民意が反映されやすい。
③ 次に、行政権の行使となると、ワン・クッションで選ばれた国会議員が構成する「国会」が内閣総理大臣を選び、その総理が「内閣」を組閣するのだから、2回壁に当てるツー・クッションが必要となる。これはなかなか当てにくい。
④ さらに、司法権の行使はどうかというと、そのツー・クッションで選ばれた「内閣」がさらに任命する「裁判官」によって行使されるので、スリー・クッションになり、壁に3回当ててから的球を狙っても、もはやほとんど当たらない。つまり司法権の行使には、民意が反映されることがほとんどない。
⑤ それに対して、裁判員制度は、国民が裁判員となって裁判するというのだから、今まで三権の中でまったく民意が届かなかったといえる司法権の行使を、直接行える画期的な制度なんだ。

と締めました。「締めました」と言っても、実は和光ではなく、場所は、「小田原市

保健センター」。

　時期は、2004(平成16)年5月に裁判員法が成立するその約1年7カ月前の2002(平成14)年10月12日。今からだと6年半も前の話。

　その日、全国の支部に先駆けて、当時の当会池田会長の出身母体である県西支部(当時小田原支部)主催で裁判員模擬裁判劇「恋の城下町放火事件」が実施され、その幕間の30分をいただいて、私が裁判員制度について解説したのです。懐かしい！

　当時はまだ、裁判官と裁判員の人数とか、量刑手続まで関与するのかとかその他いろいろ議論されている時期でした（裁判官1人＋裁判員11人というのが最も裁判員が多い主張でしたっけ）。

　劇後の懇親会で、当時の尾立副会長から、半分以上お世辞でしょうが、「大木さんのビリヤードの説明もなかなかよかった」と褒めていただいたことを覚えています（酒の席ゆえ、ご本人はお忘れになっていることでしょう）。

　さすがにこのビリヤードの説明が定着することはなく、別にビリヤードでなくてもいいのですが、この権利の側面について、わかりやすい説明が今一つなかったような気がして、今になって説明不足が指摘されているのは、自戒の念も込めて大変残念なことです。

　また、マスメディアで、「あなたに死刑が宣告できますか」という、いわゆる量刑の分野の批判が多いことも残念ですね。

　本来、量刑はすぐれて専門的な作業ですから、制度設計に際し、事実判断のみを裁判員にやってもらって、有罪となった後に量刑を裁判官が行う形にすればいいだけの話で、そこの点を批判されると「だから言っただろう」と言うしかありません。

　さて、来月には裁判員裁判第1号が開廷される様子ですね。
　いろいろありそうですが、プラス思考で期待しましょう！　おかしな点は直していけばいいと考えましょう。

和光だより (48)

不同意の理由

2009.6.25

　「不同意」に理由を求める例が後を絶たないのは、検察官本人の勉強不足もあるでしょうが、次のような背景もありそうですね。

　　潜在的に、「不同意」を、「ケチをつけられた」＝あたかも「異議」の一種であるかのように錯覚して、異議に理由の提示を求める規則205条の2あたりを念頭に、「理由」を求めてしまう。

　その誤解をさらに助長するのが、「現在の訴訟実務」と「証拠等関係カードの記載」かもしれません。

① 　現在の実務では、検察官から証拠調べ請求のあった証拠書類について、まずなによりも「同意」の有無を確かめる扱いになっており、しかも争う事件が少ないこともあって、「同意が原則、不同意が例外」という、刑訴法の伝聞法則とはまったく逆の様相を呈している。だから、例外を主張する側で理由を述べよという発想につながる。
② 　証拠等関係カードの記載では、「同意・不同意」という欄はなく、「意見」という包括的な欄が設けられており、同意以外の意見（異議あり、異議なし、任意性を争う、信用性を争う等）も記載する扱いなので混乱が生じやすい。

　しかも、「同意」は、公判調書の必要的記載事項ですが（規則44条1項26号）、本来「不同意」は必要的記載事項ではないから、記載せずともよい！
　むしろ、記載しない方が、刑訴法の建て前に合致しますね。書いてないのに理由も何もないだろうということで。書くとすると理由を求めたくなる。

③ 　また学者の説明で、時として、「同意の撤回は許されないが、不同意の撤回は許される」などと論じられて、カードにも「不同意撤回・同意」と記載さ

れるのが紛らわしいですよね。

　本来、不同意は同意をしないというだけで訴訟行為ではないから、その撤回という概念は存在しないと考えるのが筋でしょう。単に、時期をずらして同意しただけのことです。
　検察官が最初に提出する証拠等関係カードは、いわば「同意のあること、異議のないこと」を条件（停止条件）とする請求なのだから、理論的には、それが得られず条件が不成就に確定した段階で、証拠能力がない証拠の請求として、請求を「撤回」させるか、そうでなければ「却下」すべきところです。
　しかし、現在の実務では、カードをそのまま流用する形で、他の証拠能力取得要件の立証に進む扱いがなされています。そして、全部同じカードで、備考欄などを使うから混乱が生じるのかもしれません。
　これは便宜上の扱いでしょうが、本当なら「同意を条件とした最初のカード」とは別のカード（別の紙）を使用して、例えば、

(A)　実況見分調書なら「法321条3項の要件が立証されることを条件とした請求」
(B)　被告人以外の者の検面調書なら「法321条1項2号後段の要件が立証されることを条件とした請求」
(C)　被告人の検面調書なら「法322条の要件が立証されることを条件とした請求」

をし、その要件立証のための証人尋問等に移ればいいわけです。
　ポイントは、326条の同意とは別の「証拠能力取得根拠条文」を明示させること。
　そして、その尋問等で要件が立証されれば証拠採用し、立証されなければ、結局証拠能力のない証拠の請求ですから、却下すればいい。

　なお、「訴訟行為に条件をつけることが許されるか」は一つの論点ですが、証拠請求は手続形成行為ですから、認められるようですね。

　裁判員制度で現在の実務がどれだけ変わるのか不明ですが、少なくとも上記のような発想は押さえておいた方がよかろうと思います。

和光だより（49）

サイモン＆ガーファンクル

2009.7.11

　毎日暑い日が続きます。水分補給など体調管理には気をつけたいものです。
　マイケル・ジャクソン追悼色一色のところ何なのですが、昨日東京ドームへ行って来ました。16年ぶり3回目の来日になる「サイモン＆ガーファンクル」のコンサート。まさか、青春時代にもう解散していたＳ＆Ｇの生コンサートを、50歳過ぎてから聴けるなんて！
　開演30分前に席についた時は、ほぼ満員状態。おじさんおばさんで満ち溢れている！
　先週の土日に、2日連続してここで「東方神起」のコンサートを観たという隣の席の女性が、「あの時とはお客さんの色が違う。先週はカラフルだったけど今日は黒っぽい」と言っていたのが印象的だったので、親しい何人かの知人にそのフレーズを交えてメールを送ったら、「研修所で忙しい忙しいと言いながら、結構遊んでるじゃん」「隣の女性って奥さんじゃないでしょ」などという不埒な返信が相次ぎました。
　もちろん奥さんですよ！
　夫は先週の土日も事務所で採点添削でした！
　それに、明日あさっても事務所で朝から晩まで採点添削ですよ！
　……というわけで、今日土曜日の採点の合間にこのメールを打っているのです。

　さて、Ｓ＆Ｇです。
　オープニングが「オールド・フレンド」だったのには意表を衝かれましたが、このツアーのテーマだそうで。「アメリカ」「アイ・アム・ア・ロック」「コンドルは飛んでいく」「ミセス・ロビンソン」「スカボロー・フェア」などなど懐かしい曲が目白押し。
　昔のままのハーモニーと、アコースティック・ギターのなんとも言えない人間的な音色に酔いしれ、ラストは、隣の席の人が登場する以前の、初恋の思い出漂う「明日に架ける橋」。
　みんなスタンディング・オベーション状態で、拍手が鳴り止みませんでした。

あれっ、「サウンド・オブ・サイレンス」やってくれないの？
そこは演出。アンコールに応えて、ちゃんと戻って来て歌ってくれました。
歌い終えたところで、（もう1曲、「ボクサー」だけやってくれ！）という私の切実な願いが通じたわけでもないでしょうが、続いて「ボクサー」もやっちゃってくれました。
またもやスタンディング……。2人の姿がステージから消えても、まだ帰らないで拍手し続けるおじさんおばさん達……。
そうしたら、また戻って来て2曲。有難うS＆G！

さて、先月16日に開始した現行62期後期修習も折り返し点を迎え、あと1カ月で二回試験突入です。教室にも緊張感が漂っており、講評にも熱が入ります。
ところで、ものの本によると、完全に語りつくされた情報よりも、一部隠された部分を持つ情報の方が、受け手に訴える力が格段に大きいそうですね。
100％公開された情報は、送り手から受け手への一方通行ですが、隠された一部をもった情報は、受け手がそれを推理や想像によって補って埋めていこうとするため、双方通行になり、受け手側から一部送り手側に回って参加できることが大きいようです。
とりわけ教育の現場では、送り手がどれだけ多くの情報を送ったかではなく、むしろ受け手の脳裏に、どれだけ焼きつけることができるかが勝負、言い換えれば「到達主義」でしょうから、双方向式授業が喜ばれるのは当然といえば当然でしょうか。
特に、好奇心旺盛な修習生にこの手法を使わぬ手はなく、したがって、私が図解重視と言う時も、最初から完成図をそのまま板書するのではなく（それでは一方通行）、ところどころブランクを作っておいて、いわば、「法律実務的虫食い算」を試みることにしているわけです。

「人から押しつけられた意見よりも、自分で思いついた意見の方を我々ははるかに大事にする。人に意見を押しつけようとするのは間違いだということになる。暗示を与えて結論を相手に出させる方がよほど利口だ」（デール・カーネギー）

時折ご登場いただくかの芭蕉先生も、弟子に教えています。

「言ひおほせて何かある」

すべて言い切ってしまわないで、余韻を残せという意味らしいですね。

和光だより(50)

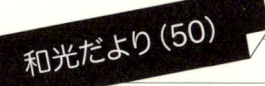

法328条の弾劾証拠

2009.7.29

　いつもご愛読いただき、ありがとうございます。
　お蔭様で、和光だよりも、ついに「50号」を数えることとなりました。
　いろいろなところで、大先輩から弁護士になりたての新人の方に至るまで、皆さんから「読んでますよ」と言われて嬉しくなり、調子に乗ってここまで続けてこられました。
　今後ともよろしくお願いいたします！

　さて、和光では、現行62期後期のカリキュラムも終盤を迎え、各科目とも二回試験直前の最終起案やその講評で大わらわです。
　起案1の採点添削の際、修習生がどのようなパターンで起案をしているか、その構成を分類してみようと思い立ち、個人的に自分のクラスの起案を分類したことがありました。
　事案は、3人の証言の弾劾がメインで、その他派生的な論点が見え隠れしているというものでした。当初の見込みでは、おそらく7、8パターンになるのではないかと思われましたが、蓋を開けてびっくり。出席番号1番から16番まで採点したところ、一つも同じパターンが出現せず、Aパターンから始まってPパターンまで来てしまいました。しかし、そこで止めるわけにもいかず、その後は少しずつ同じものも出始めましたが、さらに新しいパターンも続出し、結局アルファベット26文字では足りずに、29パターンを整理する羽目に……。
　そのままでは説明しきれないので、大きな枠組で整理することにして、分類すると次のようになりました（注：x、y、zという3人の証人の弾劾を、便宜上まとめて大文字「X」とし、それ以外の論点をa、b、cとする。また、教官室が予定していなかったその他の論点は甲・乙・丙とする）。

1　Xのみ
2　(1)　X＋a　　(2)　X＋b　　(3)　X＋c

3　(1)　X＋a＋b　　(2)　X＋b＋c　　(3)　X＋c＋a
4　X＋a＋b＋c
5　(1)　X＋甲　　(2)　X＋乙　　(3)　X＋丙
6　X＋（甲〜丙のどれか）＋（a〜cのどれか、またはそのうちの2つ）
7　動かしがたい事実＋X＋（a〜cのどれか、またはそのうちの2つ）

　修習生起案は、2と3とで大多数を占めました。
　なお、「X」の内部の論述順序についても、次の3通りに分かれました。

α　　x → y → z
β　　y → z → x
γ　　z → x → y

　このうち、事件の筋からいって、「y→z」の順はおそらく動かしようがないので、γだけはあまり適切でないということになります（修習生起案も、αとβで大多数を占めました）。あとは、xが先かyが先かですが、検察官立証の重点がxだということが読み取れるので、xを先に論じる方がわかりやすいというのが教官室の意見。予定していたのは、3(1)かつαの構成でした。ただ、メインの「X」さえ落とさずにaやbがそこそこ書けていれば、まったく問題ないところです。

　次に、派生的な論点として、弁護人から提出された「法328条の弾劾証拠」の扱いが問題になりました。
　最判平18・11・7判時1957・167で自己矛盾供述に限るという限定説に実務が固まったことはわかっていても、いざ論じるとなるとさまざまな問題が生じます。
　例えば、証人が、ある事項について公判で「C」と述べたとしましょう。
　ところが、捜査段階では同じ事項について、員面調書で「A」、検面調書で「B」と述べていたとします。
　そこで記録上は、弁護人から弁号証としてこれらの調書が法328条の弾劾証拠として請求され採用されていました。さて、この場合修習生がどのように論じてくるか、楽しみでしたね。

1　まず、最も粗忽な奴は、弁護人から請求したこの員面調書・検面調書を、

わざわざ弾劾しています。検察官立証を弾劾するために弁護人から提出した証拠を、自ら弾劾してしまうとは。
　あんた自身が「自己矛盾」！

　2　次に、これら員面調書・検面調書の中に現れている事項を、すべて弾劾に使っている起案もありました。
　あくまでも「自己矛盾供述の存在」を立証するために、法328条によりその自己矛盾部分に限って証拠能力を取得したのですから、調書全体が物理的に記録に綴られていたとしても、自己矛盾供述に該当しない部分は、明らかに証拠能力がないわけです。ここを見落としていることになりますね。

　3　次はさらに難しい問題。
　公判供述で現れた「ある事項」につき、員面調書・検面調書で述べられていないことを捉えて、「自己矛盾供述」に該当すると考えていいのかという問題です。
　この点に直接触れた文献は見当たりませんでしたが、石井一正『刑事実務証拠法』（判例タイムズ社、1988年）に、

「法321条1項2号の『実質的に異なった』という要件の解釈が参考になる」

とあり、これによると正反対のことを言った場合に限らず、結果として異なった結論を導く供述をした場合も、自己矛盾供述となるようです。
　そこで推し量って、結局、

「当然触れるべきはずの事柄であるのに供述していないとすれば、『その事実がなかった』と供述したのと同じと言えそうなので自己矛盾と言ってよいが、単に捜査官から聞かれなかったから供述していないのだと考える余地があれば、『その事実がなかった』という供述と同視できないから、該当しない」

くらいに落ち着くのかと思われます。難しいところでよくわかりませんが……。

　4　さらにわからないのが、公判供述「C」を弾劾するために法328条により採用された証拠を用いて、員面調書の「A」→検面調書の「B」→公判の「C」という、

「供述内容の変遷」を指摘してよいのかという点です。

修習生起案には多く見受けられましたので、解説が必要となりました。

我々が、「供述の変遷」を指摘して信用性を弾劾する時は、「真実のものなら内容が首尾一貫しているはずなのに、合理的な理由なく変遷するのはおかしい」というわけですから、首尾一貫せずに変遷している実質証拠としての「供述全体」をターゲットにして弾劾していることになります。

ところが、法328条で採用された調書は、あくまでもそれぞれが公判供述のある部分を弾劾するための補助証拠で実質証拠ではなく、それらを含めた全体を弾劾するという関係にないのですね。

ここはやはり理論的に、「変遷」ではなく、「自己矛盾が2つ存在する」と捉えて、

「公判では『C』と供述するが、員面調書では『A』と供述していて自己矛盾供述が存在するので、公判供述『C』は信用できない」

と論じ、加えて、

「検面調書では『B』とも供述していて、『A』とはまた別の自己矛盾供述も存在するので重ねて『C』は信用できない」

とでも論ずることになるのでしょうか。「A」から「B」に、変遷の→を引かずに、「別の自己矛盾供述」とするのがミソです。

しかし、実務でも法328条を詳しく扱った経験がないし、文献もあまりなさそうなのでなかなか難しいですよね。さらなる研究を……どなたかお願いします。

個人的には、裁判員裁判でこの法328条がどのような機能を果たすのか興味があります。

和光だより (51)

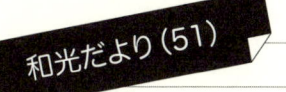

現行62期後期——今日のポイント

2009.8.20

　残暑お見舞い申し上げます。
　夏も終わりという今になってインフルエンザが流行っているようですね。ご注意ください。

　さて、8月10日に始まった現行62期(4クラス)の二回試験も終わり、和光には、並行して実施されている集合修習中の新62期A班(12クラス)が残りました。
　前期でどんなことをやったかは以前和光だより(37)でご紹介しましたので、今回は、現行62期の後期でやった「今日のポイント」を示してみたいと思います。

　第1回刑弁講義
　　1　各段階における弁護活動を押さえよう。
　　2　従来の刑事裁判の問題点と今後の方向性
　　3　重要論点の再確認

　起案1講評
　　1　「論足す証拠」
　　2　構成を工夫しよう。
　　3　第三者供述の弾劾を押さえよう。
　　4　法328条の弾劾証拠を整理しよう。
　　5　証拠の信用性と証明力の関係を把握しよう。

　演習講評(公判前整理)
　　1　盗品近接所持法理を理解しよう。
　　2　予定主張で何をどの程度主張するのか押さえよう。
　　3　立証手段とその有効性に留意しよう。

起案2講評
　　1　犯人識別供述の弾劾を押さえよう。
　　2　アリバイ主張のしかたをマスターしよう。

刑弁最終講義（DVD「初めての起訴前弁護」上映）
　　1　起訴前弁護は気合いを入れて
　　2　「心をオープンに」
　　3　「絶望した側が闘いに勝つことがよくある」（島朗将棋九段）

　こうして並べてみると、後期もいろいろなことを学びました。
　いつものことながら、最後はメッセージ性の高いものになりました。
　実務に出てから少しでも役立ててもらえたらと思います。

　ところで、8月7日金曜日3限目に実施されたこの刑弁最終講義は、文字どおり全科目の最終でもありましたので、終わった後に、他の科目の教官方にも階段教室にお集まりいただき、お別れセレモニーとなりました。
　前期・後期に撮影した写真を使って、アルバム委員が作成した思い出のDVDアルバムが上映され、皆大笑いで笑顔の鑑賞となりました。
　その後に、各教官と所付に、DVDと花束それにメッセージ・アルバムが贈られました。教官と所付は、一転して感傷に浸ることになりました。
　週明けの10日から二回試験突入でしたので、「あとで一杯やるか」と誘うわけにもいかず、今のギュウギュウ詰めのカリキュラムは、こういうところが残念でなりませんでした。
　試験自体は終了しましたが、結果の発表までの間、現在も接触禁止期間中ですので、次に彼らに会えるのは、9月5日大阪での謝恩会となります。
　全員合格で再会して祝いたいものです。

和光だより(52)

二回試験の結果を受けて②

2009.9.1

　私にとって、3度目の和光の夏が終わろうとしています。
　さて、夏の虫と言えば、「飛んで火に入る」ですね。
　修習生と飲む時など、彼らは知的好奇心が高い集団ですから、私がクイズを出すと必ず食いついてきて、飛んで火に入る夏の虫状態になります。
　そこで、過去に何回も出題したクイズを1つ。

　次の「A」と「B」に、漢字1文字ずつを入れて、粋なフレーズにしてください。
　(ヒント・字数でだいたいのあたりをつけて……。正解は、このたよりの末尾に)

　　　恋に焦がれて鳴く「A」よりも　鳴かぬ「B」が身を焦がす

　古来、儚い動物の代表格としては「かげろう」や「蝉」が挙げられることが多いようですね。そして我々現代人も、蝉に対して、

「幼虫として6～7年も地中で待たされて、ようやく外に出られたと思ったら1週間かそこらで死んでしまうとはなんと儚いことだ。だから命がけであんなに鳴きまくっているのだろう」

などと、蝉の一生を我が身に置き換えて、妙に納得してしまうようです。
　しかし、蝉にしてみたら余計なお世話で、もしかしたら、

「せっかく地面の下で静かに暮らしていたのに、なんで外に出なきゃならんの？　木に登るの？　ああ面倒臭い。眩し過ぎるよ。前の暮らしが懐かしいぜ！」

ってな具合で、愚痴たっぷりに鳴いているのかもしれません（発想の転換）。
　それが証拠に、中には正直な蝉もいて、

「つくづく惜しい！　つくづく惜しい！」

と鳴いていた奴もいますから……。

　さて、今日9月1日に、現行62期の二回試験の結果が発表になりました。
　実受験者数は、現役組と再受験組を合わせて、376人でした。そのうち、残念ながら不合格となったのは延べ30人ですが、重複者がいるので、実質人数は23人になるそうです。全体の6.1％。そのうち、現役が9人、再（再々……）受験組が14人。これは多いのか少ないのか。
　なお、今回は、答案を綴る時間が間に合わなくて、答案提出を認められなかった者が1人いたそうです。しかも、最終日の刑事弁護で！
　どおりで、当日待てども待てども、なかなか考査委員の手元に答案が届かなかったわけです。
　うーん。しかしなんともはや……。そんなことで、もう1回全5科目受け直さなければならないとは！
　私のクラスの連中には対策として、とにかく5分前・10分前になったら、途中でもいいから綴ってしまえと注意しておいたのですが。
　他の4科目の出来がよかったりしたら、本人は泣くに泣けないでしょう。教官としては、どうもしてやれないので、仕方ないのですが……。クラス担任教官も声をかけようがないでしょうね。
　教官をやっていて、こういうのは本当に辛い役回りです。

（クイズの正解）
　　A＝蝉、B＝蛍

和光だより(53)

伝聞法則と実況見分調書

2009.9.14

　新聞で知りましたが、「地域の魅力度調査」というのがあるらしいですね。
　ブランド総合研究所というところが発表したランクによると、ベスト20の中に、なんと我が神奈川県から、4位横浜市・7位鎌倉市・18位箱根町、の3市町村が選出されています。
　首都圏では唯一の選出県となりました。神奈川以外で複数選出されたのは、北の北海道の4、南の沖縄の3だけですから、快挙と言っていいでしょう。特に箱根町は、昨年の32位からの躍進です。素晴らしい（ちなみにトップは、札幌市を抜いた函館市）。
　いずれ弁護士会の魅力度調査が行われるかもしれません。その時、我が横浜弁護士会は何位につけることができるか……。

　さて、研修所の演習や出張講義で「証拠意見」を扱うことがありますが、修習生がなかなか理解しづらいし、教える教官の方もそれほど自信をもって説明できないのが、「実況見分調書」に対する証拠意見でしょうか。
　比較的新しい判例もあり（最決平17・9・27判時1910・154など）、また今までにいろいろな学者・実務家の論稿が発表されていますが、やはり修習生にはわかりにくいところが多く、刑弁教官室の中でもさまざまな捉え方があることがわかりました。
　そこで、例によって私の図解の虫が騒ぎ出し、修習生にわかりやすく、を第一に考えて板書しました。

　1　実況見分調書に行く前にまず、そもそもの議論の前提となる「供述証拠」と「伝聞証拠」、伝聞法則の「不適用」と「例外」など、このあたりの証拠法の概念をめぐっては似たものが多く、しっかり区別しておかないと議論が噛み合わないおそれが大きいと思われます。
　例えば、意外に理解不十分なのが、

①　「供述証拠」ではあっても、公判供述は「伝聞証拠」でないから「伝聞法則」の適用がない。
②　その公判供述の中に他人の供述が含まれると「伝聞証言」になり伝聞法則の適用がある。
③　法320条1項に定める「供述代用書面」には、供述者自ら作成した「供述書」と、供述者の供述を録取した「供述録取書」が含まれる。
④　<u>人の供述を内容とする証拠でも、「自己矛盾供述の存在」を立証趣旨とし328条の弾劾証拠として使用する場合は、「供述証拠」ではない。</u>
⑤　「伝聞法則の不適用」は、そもそも伝聞証拠でないから適用されないのに対し、「例外」は伝聞証拠ではあるが例外として証拠能力が認められる場合である。

とか、このあたりの基礎を押さえることがまず重要ですね（図表12）。

2　次に、いわゆる実況見分調書の中には、さまざまな書面・証拠物が含まれていることを押さえさせます。
したがって、全体の証拠能力を論じただけでは不十分で、書面・証拠物の性質に応じて個別に証拠能力（証拠能力取得根拠条文も）を考えなければならないことを図表13を示して説明しました。例えば、

①　321条3項の要件（作成の真正）立証だけで認められるのは、「調書本体」と、これと一体となる「現場指示」「現場写真」「見取り図」など。
②　321条3項に加えて、供述証拠として322条1項の要件が必要なのは、「被告人の現場供述」「被告人の犯行再現写真」「被告人の犯行再現図面」など。
③　321条3項に加えて、供述証拠として321条1項3号の要件が必要なのは、「被告人以外の者の現場供述」「被告人以外の者の犯行再現写真」「被告人以外の者の犯行再現図面」など。
④　なお、上記いずれも、326条の同意があれば、通常それだけで証拠能力が認められる。
⑤　また、供述者の公判供述弾劾のために328条の弾劾証拠として使用できるのは、自己矛盾「供述」としての性質を持ちうる上記②③に掲げたものに

なる。

　と説明しました。
　なお、修習生には、参考文献として、山室恵「実況見分調書の証拠能力」(「自由と正義」1997年12月号58頁以下)を紹介しておきました。

　3　「現場指示」と「現場供述」の違いもなかなかわかりにくいですね。
　概念的にはわかっているつもりでも、人に説明するとなると、うまく伝わらない。
　私は、「現場指示」から供述的色彩を払拭するために、イメージとして、現場指示は指示者が口で言うのではなく、A点・B点がいかなる地点なのかを「立札」に書き、それをそれぞれの場所に刺しておいたのを後から捜査官が写し取ったくらいのイメージを持つといいかもしれないと教えました。さすがにいくらなんでも、立札から有罪心証をとる裁判官はいないでしょうから。

　それにしても「実況見分調書」は難しいですね。
　こういう整理で合っているのでしょうか？

図表12 伝聞法則概観

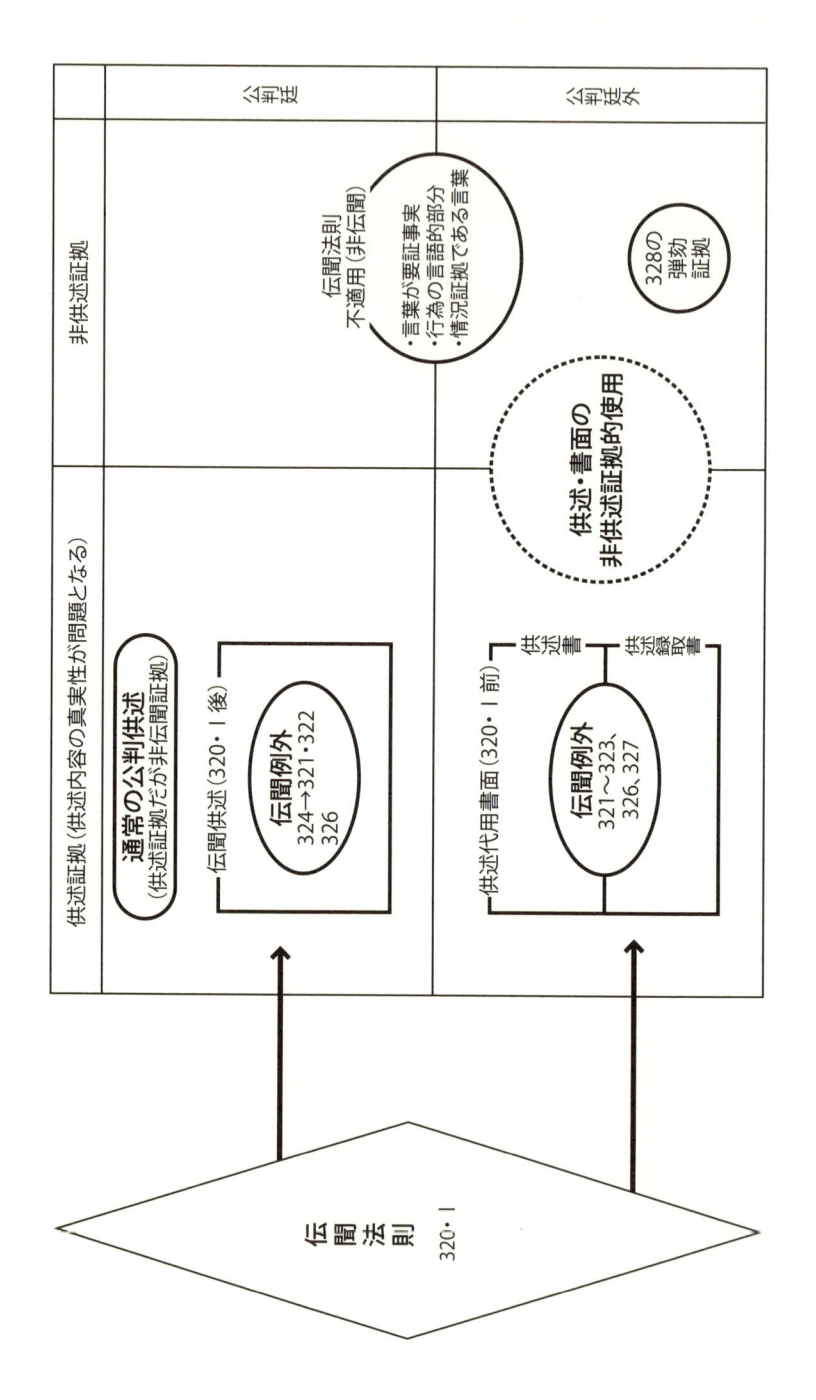

	公判廷	公判廷外
非供述証拠	伝聞法則不適用（非伝聞） ・言葉が要証事実 ・行為の言語的部分 ・情況証拠である言葉	328の弾劾証拠
供述証拠（供述内容の真実性が問題となる）	通常の公判供述 （供述証拠だが非伝聞証拠） 伝聞供述（320・I 後） **伝聞例外** 324→321・322、326	供述代用書面（320・I 前）｛供述書／供述録取書｝ **伝聞例外** 321～323、326、327

※ 供述・書面の非供述証拠的使用

↑ ↑

伝聞法則 320・I

図表13　いわゆる「実況見分調書」の証拠能力

部分			証拠能力取得条文	321・III	321・III+322・I	321・III+321・I(2)(3)	321・III+323	328(弾劾証拠)	326	独立した非供述証拠	備考
A	本体								○		
B	指示説明	a	現場指示	○					○		
		b	現場供述 ① 被告人		○			○	○		
			現場供述 ② 被告人以外			○		○	○		
C	写真	a	説明証拠としての写真	○					○		
		b	(犯行)現場写真 ① 被告人	○					○	○	
			(犯行)現場写真 ② 被告人以外						○	○	
		c	(犯行)再現写真 ① 被告人		○			○	○		
			(犯行)再現写真 ② 被告人以外			○		○	○		
D	図面	a	見取図	○					○		
		b	(犯行)再現図面 ① 被告人		○			○	○		
			(犯行)再現図面 ② 被告人以外			○		○	○		
E	その他	a	特信書面				○		○		
		b	その他						○		

和光だより（54）

多視点思考でいこう

2009.9.29

　「いづれのおほん時にか……」は、千年の昔に書かれた紫式部の源氏物語の書出しですが、弁論要旨などの法律的文章は別にして、小説やエッセイなどで気のきいた書出しをつけるのはなかなか難しいものですね。この和光だよりでも、書出しに悩むことがあります。
　有名な文章で忘れえないものとして、

「国境の長いトンネルを抜けると雪国であった。夜の底が白くなった」

で始まる川端康成『雪国』。しかし、これはなかなか真似できない。

「吾輩は猫である。名前はまだない」

は、夏目漱石。歯切れよい江戸弁調で、すぐに小説世界に入っていけます。
　海外に目を移すと、

「グレゴール・ザムザはある朝、なにやら胸騒ぐ夢がつづいて目覚めると、ベッドの中の自分が一匹のばかでかい毒虫に変わっていることに気がついた」

で始まるカフカ『変身』。強烈な印象ですが、私の頭脳宇宙のはるかかなたの銀河にでも行かなければ見つからないフレーズ。とても真似できないし、……したくもありません（笑）。
　それから、ミステリーファンなら誰でも知っているのは、

「夜は若く、そして彼も若かった。夜の空気は甘いのに、彼の気分は苦かった」

で始まるウィリアム・アイリッシュ『幻の女』。

大都会の孤独を描き出すのにぴったりの出だしです。勉強になります。

　さて、昨日から集合修習Bが開始。いよいよクラス担任として最後の新62期8組が和光にやって来ました。今年の正月明けに、ドサ回りで出張講義をした組です。
　ところで、まだ修習地別構成でなく全国に散らばっていた最初の担任の現行60期15組を除くと、これまで出張講義を含めて私が講義したクラスは、新60期9組が大阪・松江、新61期1組が名古屋・福井、新61期18組が東京のみ、現行62期4組が大阪のみで、いずれも、1カ所、または大きな修習地と小さめの修習地の組み合わせでした。
　それが今回の新62期8組は、大津・金沢・宇都宮組で初めてほぼ同じ人数（20〜28人）の3カ所修習地の組み合わせとなります。
　今までと違い、徳川御三家のように対等でバランスがとれている反面、逆に1つにまとまりにくい危険性もありますね。それを心配して、正月明けに、旅行の企画をさせたり、名簿を作成させたり、連絡を密にとるようにサジェスチョンしたりして、和光に来る前にクラス全員が顔と名前を覚えてまとまるように誘導したのですが、どうでしょうか。
　これからの様子を見極めて、アドバイスしていきたいと思います。

　昨日は、朝9時30分から例によってサテライトの開始式があった後、10時の1限から直ちに民裁講義1、2限が刑弁講義1、3限が刑裁講義1と、修習生は入所の感慨に浸るまもなく、講義・起案の嵐に飲み込まれます。なお、明日には、もう最初の起案として、刑裁起案1が予定されています。大変だなあ。
　私にとって最後のクラス担任ですので、この3年間の集大成として、密度の濃い講義を心がけたいと思います。
　ちなみに、刑弁講義1の今日のポイントは、

1　虫の眼、鳥の眼、土竜の眼。多視点思考で行こう（世界地図を例に）。
　⑴　1912年　大陸移動説
　⑵　1962年　キューバ危機
　⑶　1982年　フォークランド紛争
2　刑弁は被疑者・被告人の立場（視点・目線）で。

3　10対1でも勝ち。ホームラン・ヒットは要らない。
4　「敵を知り己を知らば百戦危うからず」
5　証拠構造図を活用しよう。
6　伝聞法則を正確に理解しよう。
7　30・30の法則

でした。
　普通は、だいたい3〜4個なのですが、今回は、はりきって倍の数になりました。過去にいろいろなクラスで実施した説明が主ですが、1の後段だけは新しい話です。日本発行の世界地図（日本が真ん中にあるメルカトル図法のもの）では見えてこないものを、別の世界地図を見れば一目瞭然という喩えで、多視点思考の話をしたものです。
　(1)は、この説を思いついたきっかけとして一説に言われている、アフリカ大陸の西側のS字カーブが南米大陸の東側のS字カーブとうまく合わさることは、日本中心の世界地図ではまったくわかりにくいのですが、ヨーロッパ・大西洋を中心とした地図なら一目瞭然というお話。
　(2)は、日本中心の世界地図では、モスクワとキューバは西と東の端っこにあるので、単にアメリカの近くにソ連の弾道ミサイルが配備されるという意味しかわかりませんが、実は北極中心の地図で見ると、モスクワとワシントン・ニューヨークなどアメリカ東海岸の主要都市を結んだ線の延長線上にキューバが存在することが一目瞭然で、したがってアメリカは、実はソ連とキューバに挟み撃ちされる位置関係にあるというお話。
　(3)は、日本中心の世界地図では、左上の端っこにあるイギリスが、対角線上の右下の隅っこにある小さな島の領有になぜこだわるのか見えてきませんが、南極中心の地図で見ると、南極大陸から突き出している「南極半島」に最も近い位置関係にある島がフォークランドであることが一目瞭然で、資源開発が期待される南極への進出中継地点としてイギリスにとって死守すべき重要な位置にあることがわかります。
　いずれも法律とは関係ありませんが、ものの見方について考えさせてくれる題材だと思います。

和光だより (55)

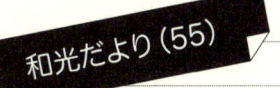

「ない」ことに着目

2009.10.24

　誰しも、「ある」ことに着目するのは比較的簡単なのですが、「ない」ことに着目するのは、やはりそこに発想の一大転換が必要なのでしょうね。
　古くは、インドの「ゼロの発見」、人類史上に燦然と輝く発見です。
　我が国のいにしえ人の中にも、気づいた天才がいました。
　藤原定家は、かの有名な「三夕の歌」のうちの一首で次のように歌っています。

　「見渡せば　花も紅葉もなかりけり　浦の苫屋の秋の夕暮れ」

　門外漢ゆえ歌の巧拙についてはわかりませんが、あとの2人、寂蓮や西行が、「槇立つ山」「鴫立つ沢」という、眼前の光景を詠っているのに対し、「浦の苫屋」を眺めつつも、定家の眼には、現実にそこに存在しない「満開の桜」や「色づく紅葉」が映し出されていたはずです。
　鮮やかなそれらを、「なかりけり」の一言で一瞬にして消し去ってしまい、あとに残るのは、寂寥感ただよう景色ばかり。……なるほど。
　有名な「吠えない犬」のミステリーも、「ない」ことに着目する構造は同じです。
　「人が通ると必ず吠える犬」が、犯罪のあったとされる晩に吠えなかった事実から、「人が通らなかった」と結論づけていいのかそれとも……という問題ですね。以前お話しした「アイロン紛失事件」もまた然り。「ないこと」に気づくと、目から鱗が落ちるのがわかります。

　刑事弁護実務にもこの発想は役立つようです。
　名著の誉れ高い故渡部保夫元北大教授の『無罪の発見―証拠の分析と判断基準』（勁草書房、1992年）4頁に、自白と客観的事実との矛盾の例として、

　「ジャンパーを着て数名を刺殺したとの自白があるのにもかかわらず、ジャンパーに格別の血痕の付着が認められない場合は、消極的事実との矛盾である」

「概していうならば、消極的事実との矛盾は看過されやすいことに留意すべきであろう」

と指摘されています。つまり「ないこと」に気づくのは難しいということですね。さらに、(注1)において

「これは自白が真実であるとするならば当然に存すべかりし犯罪の痕跡が存在しないことを意味する。痕跡の種類として、物的な痕跡（衣服に血痕の付着など）と精神的な痕跡（有罪の意識など）がある」

とされています。
　こうしてみると、ただでさえ見つけにくい消極的事実の中にあって、さらに「精神的痕跡がない」という矛盾を見つけるのは、いっそう困難なのでしょうね。

　さて、15日の2・3限、16日の1〜3限、19日の1・2限の合計7時限を割いて、刑事3教科共通カリキュラムの「演習」が実施されました。
　今回のテーマは、「殺意」と「正当防衛」に関して、公判前整理手続を中心とした主張整理と、それをもとにした証人尋問の演習でした。いずれも期日の前に、裁判官グループ・検察官グループ・弁護人グループに分かれた「大作戦会議」を行い、それを引っさげて模擬期日に臨むという形式でした。
　教官は概ね自分のグループに張りついていますが、原則として一切介入せず、問題点は講評の場に持ち越すというルールで行いました。ただ、あまりにひどい脱線をしそうなときは、3教官協議の上、指導してよいということになりました。
　幸いにも、我が弁護人グループが大きく脱線することはありませんでしたが、1つだけ口出ししたのは、大作戦会議には、「被告人役」以外に「弁護側証人役」の修習生も参加しているのに、事情を聞き出す相手として被告人役にばかり聞いていたので、時間も大分経っていたことから、「おいおい、ここには事情を聞くからと言われて呼び出された人がいるんだけれど、聞かなくていいの？」とサジェスチョンしました。
　事情を知っている者から話を聞き出すのは、弁護活動の基本中の基本です。しかしともすると、修習生は頭でっかちになり過ぎて、資料としてあらかじめ配付された調書の記載から、ああでもないこうでもないと理屈をこねる方に重点を置く

きらいがありますね。
　実務に出てからは、なおさら足で稼ぐ必要が生じますので、こういう時に身につけさせることが重要です。

(追伸)
　最近温泉に浸かった時などに、自らの来し方行く末を、ぼんやりと考えることが多くなりました。
　親、妻、子供達、事務所、友人・知人、そして現在は教え子のことも……。
　はたして自分の存在には、いかなる意味があるのか。
　そしてその答えは……。
　「The answer is blowing in the wind」(by Bob Dylan)

和光だより(57)

事件性と犯人性

2009.11.18

　一昨日は起案2の講評、昨日は「最終講義」を終えました。文字どおりこの3年間の正規の最終講義となりました（正月明けの地方巡業は残っています。来年は大分・山口・広島めぐり）。

　研修所の階段教室での講義はこれが最後なんだと思うと、最後の方こそうるうるしましたが、田上会員がご心配された「落涙」まではさすがに我慢しました。男の子ですから……。

　昨日の「今日のポイント」は次のとおりでした。

① 斜に構えて冷笑せずに、正面から向きあって微笑もう！
② 法曹は長距離走者。100メートル走者ではない
③ 時間、空間、そして人間（じんかん）
④ ウォーム・ハートと、クール・マインド
⑤ 運と縁と恩

　今回はいずれも精神論的なものに落ち着きましたね。
　ところで、我々が修習生の頃にはなかった概念の一つに、「事件性」と「犯人性」があります。まだ『刑事弁護実務』の論述には登場していませんが、刑裁、検察などでは教えているようです。ただ、修習生の理解が例によって不十分な気がしないでもないので、わかりやすい説明を工夫してみようと思い立ちました。といってもいつものとおり、民事の考え方の流用ないし応用ですが……。

　今回は民法の代理で学んだ「効果帰属要件」の考え方の流用です。
　代理の場合、法律行為がなされることによって、そこから権利義務（例えば売買なら、「財産権移転義務」と「代金支払義務」、これらに対応した権利）が発生します。

そして本人が行為者でない場合に、その権利義務を本人に帰属させるための要件として、「効果帰属要件」が問題になるのでしたね（まだこの理論は変わっていませんよね）。

これと類似の関係として、「事件性」と「犯人性」を捉えるとわかりやすいと教えました。

すなわち、ある犯罪的結果が生じた場合に、それが何者かの犯罪行為によるものと認められる時は、「国家刑罰権（処罰権）」と「処罰義務」が発生します。これが「事件性」の問題。

そして、その処罰義務を被告人に帰属させうるのかどうかが「犯人性」の問題と考えることができそうです。

例えば、放火被告事件で無罪を争うケースを例にとると、

① まず、そもそも「放火事件性」があるのかないのかという事件性の問題を論じ
② 次に、仮に事件性が認められるとして、では被告人が犯人なのかどうかという「放火犯人性」に論を進めていく

というわけです。

さて、明日から二回試験。
トップを切って明日は刑事弁護です。

（追伸）
今回のクラスからも、最終講義終了後に、バラの花束とメッセージ・アルバムをいただきました。その中にあったメッセージをいくつかご紹介したいと思います。
（　）内は私のひとり言。
・刑弁スピリッツが感じられる熱い講義でした。（ちゃんとわかってくれていたのね）
・証拠構造図などの図表を駆使した分かり易い講義でした。（うんうん）
・教官からはたくさんの元気をいただきました。（そうそう）
・笑いの絶えない楽しい時間を有難うございました。（だろう！）
・休み時間を割いてまでして板書されたのをノートに必死に書き取ったのが印

象深いです。(図解が細かかったからねえ)
- 昼夜ともに密度の濃いご指導有難うございました。(夜の部は、双子の弟の大木「考」が担当でした・笑)
- 「とんでん」などで散財させてしまいました分は、将来必ずお返しします。(期待して待っているよ)

などなど。

　みんなガンバ！

和光だより (58)
観察条件の相対性

2009.11.28

　先日までの二回試験採点中に、和光の寮のベランダから、久しぶりにぼんやりと星空を眺めました。

　宇宙望遠鏡にその名を残すエドウィン・ハッブルが、光のドップラー効果に着目して発見したハッブル定数をもとに計算すると、宇宙の年齢は現在137億歳だそうですね。別の計算では、母なる地球の年齢は現在40億歳。太陽が46億歳で、あと50億年は輝き続けるらしい。そしてなんと、将来アンドロメダ銀河が我が銀河系に衝突するのが、60億年後だそうです。

　しかし、その10億年前には、すでにあの太陽が消えている！

　うーん。

　……気を取り直して、刑事弁護の話題に。

　これまでの様子を見ていると、教官によって講義講評のスタイルはまちまちで、パワーポイント派・板書派・模造紙派・併用派などに分かれるようですね。それぞれ自分のやりやすい方法を採用しています。

　私が最終的に落ち着いたのは、板書と模造紙の併用でした。ただ、板書は時間がかかるので、授業中に書くのでは間に合わず、授業開始の相当前に書き始めないといけません。

　朝一の1限なら、1時間ほど前に、まだ誰もいない教室に行って、文字どおり真っ白のホワイトボードに書き始めればいいのですが、昼休み後の2限からだと、1時間前に行っても、前の授業の板書が残っていたりして、それを消すことから始めなければなりません。

　また、たまたま前の授業の終了後に質問が集中したりして、前の科目の教官が板書を使って説明している時は悲劇です。そういう時は、空いている箇所から板書を始め、無言のプレッシャーをかけることになります（笑）。

　ちなみに、新62期の最終講評（起案2）では、当日の朝までに15種類の図表を用意しました。時間の節約のため、そのうち2つはあらかじめ模造紙に描いて

持ち込みました（併用）。
　今回の図表は、以下のようなものでした。

① 　今日のポイント
② 　本件の時系列
③ 　本件の主要証拠構造図
④ 　わかりやすい論述原理（模造紙）
⑤ 　わかりやすい論述の順序（模造紙）
⑥ 　強制処分法定主義と令状主義
⑦ 　違法収集自白と不任意自白の関係
⑧ 　観察条件の相対性
⑨ 　本件の観察条件と識別手続
⑩ 　事件性と犯人性
⑪ 　客観的事実との不一致？
⑫ 　アリバイの位置づけ
⑬ 　自白の任意性類型
⑭ 　自白の信用性分析
⑮ 　秘密の暴露

　この中の一つ、「観察条件の相対性」について振り返りましょう。
　目撃の観察条件を論ずる時、実際の事案では、「一部は信用できるが一部は信用できない」ということもよくあることですね。しかし修習生は、えてして「100かゼロか」という判断に陥りがちです。この点を理解させるために、何を見分けることが求められているかによって、信用性が肯定されたり否定されたりするんだという説明をしました。
　今回はこんな例を挙げました。
　例えば、「目撃したのが馬か人か」を見分けることが求められているとしたら、ある程度距離が離れていても、あるいは多少薄暗くても、目撃時間が一瞬に近くても、馬が後ろ向きでも、おそらくは見分けることができる。
　ここで、「馬はかえって後ろ向きの方がよい。尻尾で見分けがつくし、なまじ正面を向かれると馬づらの人間と見分けがつかないだろ？」というワンポイント・ギャグを入れました（笑）。

次に、「目撃したのが男か女か」になると、最近は男女で似たような格好をする奴が多いから、もっと近づかないとわからないし、明るい場所で、正面からでないとわからないだろ、と説明。

最後に、「目撃した人物の左耳にほくろがあったかどうか」になると、これは至近距離で、相当明るくしてもらって、時間をかけて見ないとわからないだろ、と説明しました。

つまり観察条件の相対性ということですね。

これを起案の例に当てはめると、趣旨としては、

「目撃者が置かれた観察条件は、○○を見分けるのには不良だが、△△を見分けるのには十分良好である」

という論述が可能になるわけで、○○の部分は信用できないとして弾劾し、逆に信用できる△△の部分を、弁護側に有利に使うことができることになります。例えば、

「この観察条件では、人相まで見分けるのは無理だが、体格や服装は十分見分けられたはずである」とした上で、「目撃された犯人の着ていた衣服が、被告人の近くから発見されていない事実」をもって、犯人性否定の主張を組み立てる。

こういうことが可能となります。

こう考えれば、以前教官室で話題になったのですが、ある人物の供述をいったん弾劾しておきながら、その後の論述で信用できることを前提として利用するのは「いいとこどり」で便宜的に過ぎないか、という批判をかわすこともできますね。

ところで、教壇の後ろにあるホワイトボードは、センターに上下交代可能な横長のものが2枚、その両脇に縦長のものが2枚あるので、単純計算で一時に4枚の図を描くことが可能です。

ただ私の場合、センターの2枚は左右半分に割って4種類の図を描きますので、一時的に示せる図表は6種類に増えます。

今回、両脇には、授業中ずっと目に触れていた方がよさそうな「本件の時系列」

と、「わかりやすい論述原理」「わかりやすい論述の順序」を配置し、残りの15−3＝12種類をセンターの部分の書き換えで処理することにしました。

そうすると、センターは一時に4図表が可能なので、12を4で割って3。すなわち、3回転しなければ足りないことになりました。

講評のひとコマが100分で、途中50分経過後に休憩時間が10分入ります。そして2限と3限の間には、20分の休憩時間が入ります。この休憩時間も板書作業のかきいれ時。

今回は、気合いを入れた結果、板書数が極端に多いので、普段やっている休憩時間の質問は、終わってからの5時から6時の質問タイムにまとめてしてくれと言って、ひたすら板書作業に励みました。それでも時間が足りず、14番目と15番目だけ描けなかったので、口頭の説明に切り替えました。

（追伸）
修習生と食事していていつも気になるのが箸の持ち方。親指を直角に立てたり、ひどいのになると、2本を交差させて掴んでいる輩も。お里が知れるというか、親の躾けがなってないというか。

日本人なら、70年・80年のスパンで一生涯使うものですから、子供の頃のほんの一時期だけでも厳しく躾けておいてもらいたいですね。箸も日本の伝統文化の一つです。

美しい箸の使い方は、食事を美味しくしますよね。ハロウィンで仮装して騒ぐ前に、まず手元足元を固めてもらいたいと思うのは年取った証拠？

小学校で英語を必修にするかとか何かよりも、そんなことの前に、親に期待できないならせめて小学校で箸の持ち方くらい徹底的に教えてほしいところです。

和光だより(59)

語呂合わせ

2009.12.8

　2ちゃんねるは、あまりに無責任な書き込みが多いのと内容が低俗なので、原則として見ないことにしている私ですが、二回試験終了後だけはやはり気になって、修習生のスレッドだけ覗いてみたくなります。各科目の出題傾向などがわかり、刑事弁護の出来がどうか予想できたりします。
　今回は、刑事裁判と検察の事案がある意味予想外の犯罪だったようで、大分物議をかもしていたようでした。
　書き込みする者も、皆どのクラスか特定されないように書いていますが、時折こいつは私のクラスじゃないかと思う時もあります。それは、語呂合わせを話題にしている書き込みで……。今のところ、そんなことを教える教官は他にいませんので(少数の方は利用しているようですが)。

　語呂と言えば、昔覚えた歴史の年号が思い浮かぶことでしょう。「いい国作ろう鎌倉幕府」とかね。研修所でそんなくだらないことを教えるのかとお叱りを受けそうですが、意外に便利なツールなので、修習生の受けは相当いいようです。
　もちろん研修所は二回試験のための予備校ではありませんから、本来中身が肝心でそこに精力を注いでいますが、一方で実際に即日起案をやってみるとすぐわかることに、圧倒的時間不足がついて回ります。
　ですから起案中に、「自白の信用性の判断基準は、ええと……」などとやっていたら、それだけでほとんどタイムアップの世界……。残念ながら、メルクマールがすぐに出てくるようじゃないと、太刀打ちできません。
　実務と乖離していると言われるとそのとおりなのですが、修習期間短縮のしわ寄せもありますので。

　最初に持った現行60期は、後期の起案1の出来があまりよくなく、要領の悪い起案が目立ったので、そこでなんとかこいつらの成績アップを図ろうと急遽編み出したのが、語呂合わせ第1号でした。

第1号　「お客の動機の変遷を富豪が暴露」(自白の信用性判断基準)

この期にはもう一つ、

第2号　「刑弁教官、病中でも義理人情。別件の長い弁選黙って貸与」(証拠能力のない自白の類型)

という秀逸な作品を献上しました。
　第2号の前段を思いついたときには、我ながら思わず、おおっと唸ったほど。
　余談ですが、第2号の初校は、「弁慶が義理人情の兄弟病」という、なかなかイメージの湧きにくいものでしたので、さまざまな推敲を経て、いいフレーズに改まりました。
　次の新60期になって、

第3号　「監査にキャッシュは危険。億持った最初の選手、割と面倒、変えて補強」(犯人識別供述の信用性判断基準)

第4号　「暴行医師、重役の兄弟に動機と犯行後の状態を説明」(共謀認定の間接事実)

を献上しました。第3号は、卒業した現行60期の教え子からもらった原案をアレンジしたものなので、共同作品になります。
　次の新61期のときは、

第5号　「『そうしよう』と今日決めたらどう、善後策」(殺意認定の間接事実)

を献上し、本当は打ち止めのはずだったのですが、急にひらめいたのが今回の新62期最後の

第6号　「小豆島は生涯活況。意識して勘定」(目撃供述の客観的・主観的観察条件)

でした。それぞれの語句が何を意味するかは、刑事弁護実務の見出しを参考に、皆さんご想像ください。なお、語呂のおかげで卒業できましたなどと二回試験後の謝恩会で必ずといっていいほど話題に上がりますし、第1号・第2号は、現職の検事である現行60期の教え子から、「常に机の上に置いて、自白を録取する時に間違いがないように使わせてもらっています」という便りをいただきました（本当かな？）。

　くだらないとは思いつつも、生みの苦労を考えると我が子のような気もしてきます。

和光だより(60)

質問に答えて③

2009.12.23

　過日、新62期の二回試験の結果が発表になったことは皆さんご存知のとおりです。今回は、再受験者23名を含む2,067名が受験して、うち75名が不合格でした。この率は3.63%で、昨年の6.13%を下回りました。しかし、それでもまるまる1クラス分不合格というのですから、昔と比べれば多いですね。
　自ら望んだ結果でないとはいえ、そういう者たちの方が苦労していろいろ考えるでしょうから、むしろ将来いい弁護士になれるのではないかと私は信じたい気がします。

　さて、和光だより(58)で「観察条件の相対性」について述べましたが、元教え子から質問が届きました。

　「観察条件の相対性はよくわかったのですが、その後で述べられた、『目撃された犯人の着ていた衣服が、被告人の近くから発見されていない事実をもって犯人性否定の主張を組み立てる』というところが、授業でもわかりにくかったので、もう一度説明していただけませんか」

というものです。
　ここは修習生の多くが勘違いしていると思われるし、教官室でも議論が錯綜しているところで、なかなか確定的な説明がしづらいのですが、私が講義で述べたこと（あるいは舌足らずでしたが述べたかったこと）を整理すると、以下のような説明になります（要証事実は「犯人と被告人の同一性」）。

　1　まず、信用できない部分（例えば人相に関する供述）は、観察条件を論じて弾劾して終わりですね。

　2　次に、信用できる部分（服装）を有利に使う方法ですが、わかりやすくす

るために、「犯人目撃識別証人」ではなくて、はじめは単なる「犯人目撃証人」について考えてみます。
　その者の供述を、

　　① 被害者を殴った犯人は、「赤いシャツ」を着ていた。

とします。これに対して、

　　② 事件直後に行われた被告人宅の捜索差押えでは、「青いシャツ」は出てきたが、「赤いシャツ」は発見されなかったので、押収物目録には「青いシャツ」の記載しかない。

としましょう。この場合、修習生は、

　②によれば、被告人が「赤いシャツ」を持っていないのに、目撃者は「赤いシャツ」を目撃したというのだから、①の供述は「客観的事実と不整合」である。

と論述しがちです。
　しかし、よく考えてみると、①が客観的事実と不整合であると言うためには、「実際の犯人が赤いシャツを着ていなかった」という事実が確実でなければならないことになりますが、②はそのような事実とはまったく無関係で、①の供述の信用性について影響を及ぼすことはないですね。
　ですから、②は、①の供述を弾劾する補助証拠（補助事実）ではなく、「犯人と被告人の同一性」という要証事実に対する「消極的情況証拠（消極的間接事実）」という位置づけになると思われます。
　つまり、②は、あくまでも「実質証拠」ですね。

　3　そこで次に、やっかいな「犯人目撃識別証人」の場合に論を進めてみましょう。
　その者の供述を、

　　① 被害者を殴った犯人は、「赤いシャツ」を着ていた。

②　面通しの結果、犯人は被告人に間違いない。

とします。これに対して、

③　事件直後に行われた被告人宅の捜索差押えでは、「青いシャツ」は出てきたが、「赤いシャツ」は発見されなかったので、押収物目録には「青いシャツ」の記載しかない。

としましょう。この場合でも、修習生は、

③によれば、被告人が「赤いシャツ」を持っていないのに、目撃者は「赤いシャツ」を目撃したというのだから、①の供述は「客観的事実と不整合」である。

と論述しがちです。実際の起案でも散見されました。
　しかし、③がそのような事実と無関係であることは前述と同様ですし、③が「要証事実」との関係で、「消極的情況証拠（消極的間接事実）」として働くこともまた同様です。これは実質証拠の面。
　ただ、この証人は犯人識別も行っていて、②を供述していますから、③は、この②に対する関係では、供述を弾劾する補助証拠（補助事実）としての機能も有していると考えるべきでしょうね。「あんたの識別の判断は信用できない」という趣旨で。
　つまり、③は、実質証拠の面と補助証拠の面とを併せ持っていることになりましょうか。
　この両者がごっちゃになってしまって、わかりにくくなっているのではないでしょうか。
　このあたり、『刑事弁護実務』では、「補強証拠・他の証拠との関係」(329頁)で、

「目撃者の供述中に、……犯人の服装、身長等の特徴、声、所持品等で、被告人のそれと矛盾する点がないかの検討も不可欠である」

とされていますが、必ずしも証拠法的・分析的な記述になっていないようです。
　また、刑裁教官室から最近刊行された『刑事裁判修習読本』（平成21年版）で

も、このあたりについて「信用性と証拠価値の峻別」の項（60頁以下）で触れられていますが、証拠価値について少しわかりにくいのと、普通の「犯人目撃証人」を前提にしており、「犯人目撃識別証人」に言及されていないので、この部分は、修習生が自分で考えないとわからない記述にとどまっているようです。

　（追伸）
　いつの頃からか、「ガサガサお化け」が出るようになった。それも夜中でなく、朝に出る。出かけようとして玄関までの廊下を歩いていると、後ろから、ガサガサ音が……。
　振り向くと、すっと次女の部屋に消えたように見える。
　前を向いて歩き始めると、また音が……。
　振り向くと、今度は長女の部屋に消えたような気が。
　消えるたびに、だんだん音が大きくなる。
　そして玄関ドアを開けたとたんに、後ろから声が。
　「はい、燃えるゴミ！」

　ガサガサお化けは、週２回、月木に出る。
　今では愛着がある。

和光だより(61)

新63期出張講義──特信情況

2010.1.9

　明けましておめでとうございます。本年もどうぞよろしくお願い申し上げます。
　今年は、冬季オリンピックやワールドカップなどが注目のスポーツ・イヤーですね。その口火を切って、2日・3日の箱根駅伝はさまざまなドラマを生みました。
　「新山の神」東洋大・柏原君を始め、各大学のエースの力走もさることながら、昨年途中棄権でタスキを渡せなかった城西大・石田君の、1年越しの涙のタスキリレーも感動的でした(区間2位の成績も素晴らしい！)。
　今年、臥薪嘗胆・捲土重来を目指す教え子たちや、全国の司法試験受験生にも、大きな勇気を与えてくれたことでしょう。

　さて私は、いよいよ卒業の年を迎え、あと3カ月でお役御免となりますが、それまで精一杯頑張りたいと思います。
　4月から、これまで封印(自己規制？)していた将棋やゴルフ、ミステリー読書を再開するのが楽しみですが、反面、寂しさもハンパではありませんね……。
　ところで、例によって、正月明けの4日朝羽田を発って、昨日夜遅く帰宅するまで、九州・中国地方の出張講義に出かけてまいりました。最後のご奉公です。
　今回は、新63期13組、大分・山口・広島のトライアングル。
　地図を見て、直線で大分・山口・広島を結ぶと、約90度の右ドッグ・レッグのルート。フェード系どスライサーの私なら、大分から広島へ、瀬戸内海越えのワン・オンが狙えそうなコースですが、山口で待つ修習生をおいてけぼりにするわけにもいきません。堅実なツー・オン狙いとなりました。
　今回の修習生が和光に来る頃には私は和光にいないので、講義も懇親会もさらっと済ませて……と思ったのは初めだけで、結局講義は3年間の集大成を目指してガツガツやってしまいましたし、懇親会も各地で深夜の3次会・4次会まで付き合う羽目に陥ってしまいました。
　さらっとは無理なんでしょうね、私には(笑)。

今年も、返却起案71通と5日分の着替えを抱えての旅がらすです。課題起案の解説の他に、出張講義では毎回、刑事弁護に関する重要論点の概説をすることになっているので、いくつかの話をしてまいりました。
　修習生は、ロースクールで基本的な法律知識を十分習得している……と思ったら大間違いで、少なからぬ者が勘違いしている箇所がいくつかあります。集合修習に来てから基本書をじっくり読むというような暇はありませんので、和光に来る前に基本的知識の再確認をしておいてもらわないと厳しいことになります。

　今回もいくつかピック・アップして説明しました。
　ここでは、法321条1項2号後段と、法322条についての説明を振り返ってみましょう。

1　法321条1項2号後段（2号書面）について勘違いしやすい点
　証拠能力の要件として、「特信性」が必要だと解説してある本が多いせいでしょうか、修習生はこれを「供述の信用性が特に高いこと」の趣旨に誤解する傾向があります。判例で、供述内容についても特信性判断の一事情としてよいというのがあるので、なおさらわかりにくくなっているのでしょうね。
　しかし、「前の供述を信用すべき特別の情況」という要件は、供述がなされた「外部的事情」を問題にしているので、供述内容の信用性と一線を画すことをまず教えなければなりません。そのため私は、「特信性」という文言を使うな、外部事情を喚起しやすい「特信情況」と覚えなさい、とこちらの言葉を推奨しています。
　その要素としては、供述がなされた場面や反対尋問にさらされるかどうか、宣誓の有無などの一般的・類型的な事項の他に、当該事案の特殊性からする要素を見つけ出しなさいと説明しました（図表14）。

2　法322条について勘違いしやすい点
　被告人の自白調書を、任意性がないとして不同意にした後、検察官が任意性立証をして、この条文で証拠請求した時に問題となります。
　修習生の中で時々見かけるのは、先ほどの2号書面と同じと考えるらしく、「特信性がない」という理由での異議申立（または、採用後の証拠排除申立）。
　確かに、法322条には、「特に信用すべき情況」が要件の一つとなっていますので、この要件を根拠にして異議（または証拠排除）の理由にしたのでしょう。

しかし、法322条は、「特信情況」の他に「不利益事実の承認」という要件も掲げていて、両者は「又は」で結ばれていますから、いずれか一方でいいことになります。
　そして、そもそも「自白調書」は、不利益事実の承認に決まっていますから、その部分の要件はすでに満たされているので、重ねて「特信情況」を要求するのは間違いとなります。
　しかし、普通に考えて、「特信情況」は供述の外側であるのに、「不利益事実の承認」は供述の内容ですから、この両者が選択的要件とされているのは、一見おかしな感じもしますね。
　修習生が、別個の要件と考えて、両方要求したくなる気持ちもわからないではありません。

　3　以上を見てわかるように、供述証拠一般について、「外」と「内」の概念の区別が意外に有益かなという気がしてきています。

　(1)　原則として、「証拠能力」の問題は、供述がなされた情況すなわち「外」の問題、「証明力」の問題は供述の中身すなわち「内」の問題とひとまず考えていいでしょう。
　証拠能力は、判断者たる裁判官の目に触れさせていいかどうかの問題ですから、中身に入らずに自ずと外部的事情の問題になるし、証明力は、その供述を信用してよいかどうかの問題ですから、内容を見ざるをえないでしょうね。
　例えば、「違法収集自白」は、自白獲得の手段に重大な違法があることですから、もちろん外側。「不任意自白」も、供述の中身ではなくて、供述がなされたときの被疑者の内心に影響を及ぼす事情ですから、やはり外側と言えます。

　(2)　例外としては、
　ア　前述の法321条1項2号後段は、証拠能力の要件として、「特信情況」という外部的事情に加えて供述内容の「相反性」をも要求しています。
　イ　同様に、法322条は、証拠能力の要件として「特信情況」という外部的事情と選択的に、供述内容の「不利益性」を要求しています。
　ウ　変わったところでは、法328条は、証拠能力の要件として、内容に関わる「自己矛盾性」を要求し、その自己矛盾供述の「存在」が弾劾の補助事実となる

ことを認めています（ですからこれは供述証拠ではないですね）。

　出張講義3回目にして、初めて地検の会場を使わせていただきました。さすがに弁護士会事務局以上に応対が丁寧で、気分よく講義に集中できました。
　また、これまた初めて、地元弁護士会の修習委員会の方々と懇談する機会がありました。話題はやはり昨今の二回試験の不合格問題と、就職難問題に集中しました。
　修習委員の先生方のご尽力には頭が下がります。状況が少しでも好転するよう私なりに努力したいと思います。

図表14　法321・Ⅰ②後

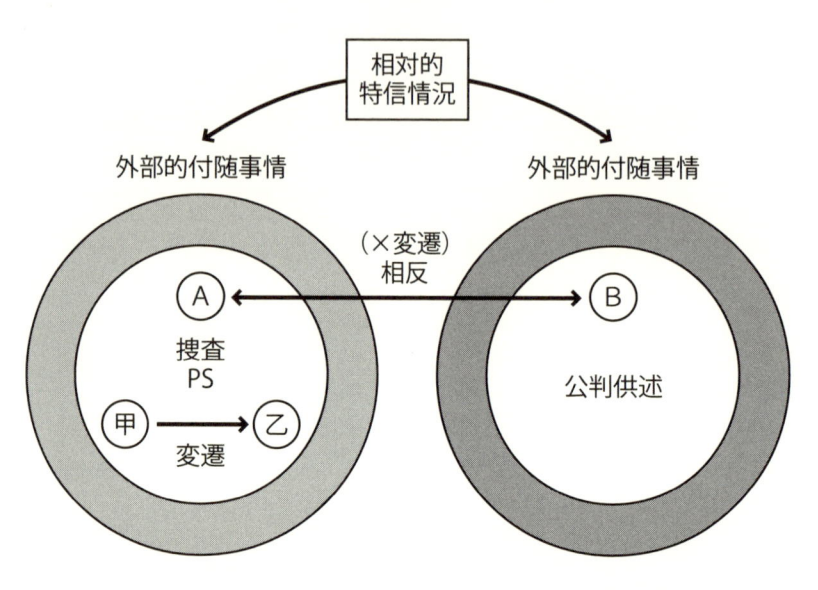

```
         ┌─────────┐
         │ 相対的  │
         │ 特信情況 │
         └─────────┘
         ↙         ↘
  外部的付随事情    外部的付随事情

         (×変遷)
          相反
      Ⓐ ←────→ Ⓑ
     捜査           公判供述
      PS
    甲 ──→ 乙
       変遷
```

	密室取調べ	公開法廷尋問
一般性	一方当事者の検察官面前	中立の裁判官面前
一般性	宣誓なし	宣誓あり
一般性	偽証罪制裁なし	偽証罪制裁あり
一般性	反対尋問なし	反対尋問にさらされる
特殊性	＋α	＋β

和光だより(62)

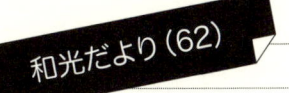

わかりやすい文章と論述順序

2010.1.22

　1月19・20日に2日連続で、日弁連の裁判員裁判特別研修を受講してまいりました。第1部・第2部・第3部ともに、大変興味深い内容で勉強になりましたが、中でも第2部の原田國男判事のお話は、量刑について考える上で「目から鱗」でした。

　とりわけ「幅の理論」は、量刑そして情状弁護を考える上で極めて示唆に富むものでした。原田判事が紹介された団藤重光先生の「量刑は刑法理論の縮図」は、まさに至言ですね。学派の争いに始まって、刑罰本質論や責任論、特別予防・一般予防などの刑事政策まで視野に入れなければならない難しい問題だとわかりました。

　昨年始まったばかりの裁判員裁判が、量刑論を深めさせてくれるきっかけとなる予感がいたしました。

　1　さて、話はまったく変わって、以前のクラスで、弁論要旨起案の中にあまりにもわかりにくい文章が続出したことがありましたので、以下のとおり、わかりやすい文章のコツを特別に伝授しました。

(1)　一文はできる限り短めに（当たり前すぎてコメントなし）。
(2)　多義的用語は一義的用語に。特に、助詞「の」は要注意。

　　例　「僕の写真」　→①　僕所有の写真（所有格）なのか？
　　　　　　　　　　　→②　僕が撮った写真（主格）なのか？
　　　　　　　　　　　→③　僕を撮った写真（目的格）なのか？

(3)　修飾語（連体・連用）は、なるべく近くに。そしてフレーズの長い順に。
　「短い修飾語→長い修飾語→被修飾語」の順だと、短い修飾語が、離れた被修飾語にではなく、直近の長い修飾語中の体言・用言にかかってしまう。

例　　「赤い帽子を被った可愛い少女」○
　　　　　「可愛い赤い帽子を被った少女」×
→この順だと、可愛いのは「帽子」になってしまい、少女が可愛いかどうかは不明。

　(4)　読点「、」は、昔小学校で情緒的に教わったような、息つぎの箇所ではなく、理論的に必要な箇所につける。長いフレーズだからといって、必ずしも読点を打たなければならないというものでもない。

　　例　　「赤い帽子を被った可愛い少女を撮った僕の写真」

とすれば、かなり長いが読点は不要。ただ、僕所有を強調したい文章なら、

　　　「僕の、赤い帽子を被った可愛い少女を撮った写真」

とすればよい。この場合は読点が必要。読点がないと、「僕の帽子」になる。

　(5)　接続詞・接続助詞に注意。
　これらには、文と文の論理的関係を示す機能があるのだから、論理的文章にはかかせない。
　以前読んだ評論中に、「そして、しかしだから」とあったのを見てぶっ飛んだ！なんじゃそりゃ。
　また、接続助詞「が」は、本来的用法の「逆接」に限定して使うこと（これはなかなかねえ）。
　判決文によくある、「〜したところ」とか、「〜したうえ」は、だらだらした印象を与えるので、なるべく避けよう（後者に対し、「下か上かどっちだ！」と突っ込みたくなるのは私だけ？(笑)）。
　また、原因理由を示すとされる「ので」と「から」にも微妙な違いあり。通常はほぼ一緒の意味で使いがちであるが……。

　　例　　「金があるので遊びに行ったのだろう」

→金があるのだ(既定事実)。だから遊びに行ったのだろう(推測)。
　「金があるから遊びに行ったのだろう」
　　→遊びに行ったのだ(既定事実)。それは金があるからだろう(推測)。
　これは微妙。なかなか難しい。

　以上、野矢茂樹『論理トレーニング〔新版〕』(産業図書、2006年)や本多勝一『日本語の作文技術』(朝日新聞出版、1982年)を参考にまとめたものです。しかし、自分の文章を見直しても、このとおり実践していないですね。
　日本語は難しい。

　2　次に、法律的文章の起案にあたって、内容に関するわかりやすい論述順序というものがありそうですので、別の期のクラスでは、この原理原則を説明したことがありました。

(1)　客観　→　主観
　　刑事弁護にとどまらず、刑事法全体を貫く原則ですね。
　　見てすぐにわかるものから手をつけましょうという趣旨。
(2)　第三者　→　被疑者・被告人
　　利害関係なき者の供述から検討していきましょうという趣旨。
(3)　目撃者　→　被害者　→　共犯者
　　第三者の中でも、事件に遠い者から検討しましょうという趣旨。
(4)　検察官立証弾劾　→　弁護側立証
　　あくまでも弁護人の職務は弾劾ですから、それを先に。
　　後からアリバイその他の検討へ進む。
(5)　証拠能力　→　証明力(広義)
　　証拠法の教える順序。
　　これを混同している起案は危ない！
(6)　信用性　→　証明力(狭義)＝証拠価値
　　広義の証明力の中での順序。
　　証拠が信用できなければ事実認定に使ってはならないのだから、信用性が先。
　　信用できる証拠と言えて初めて、証拠価値の程度(百点満点で何点の証拠

か）が問題になる。
(7) <u>核心部分　→　周辺部分</u>
　　重要な犯罪関連事項から検討し、周辺事情に進む。
　　記憶心理学のいわゆる「初頭効果」ですね。
　　<u>重要度に応じて順番をつけるので、一見(2)(3)に相反するようですが、事案に応じて使い分けるのがよい。</u>

　これらの原理原則を組み合わせて、事案に即したわかりやすい順序を工夫すべきだと説明したわけです。

3　このわかりやすい文章というのは、なにも書面にする場合だけでなく、裁判員裁判のように口頭で主張する時にこそ、最も役立つものかもしれません。
　裁判員が耳で聞いてわかりやすいかどうかが勝負ですからね。

（追伸）
　そういえばこの間、知合いの国語学者とたまたま話す機会があったので、前々からの疑問をぶつけてみました。

「日本語で、『やっぱり』と言う人と、『やはり』と言う人がいますが、どちらが正しいのでしょうか？」

　その先生曰く、

「そりゃあ、やっぱり、『やはり』でしょう」

「……」

和光だより (63)

情況証拠と間接事実

2010.2.3

　先日、久しぶりに開かれた横浜42期同期会に参加しました。参加メンバーは10名で、ほとんどが20年以上前の横浜修習時代からの仲間ですので、こうした気のおけない愉快な連中との飲み会は実に楽しいですね。
　みんなの頭髪やお腹はもちろんのこと、近況報告の話にも、さすが20年選手という風格が感じられて、現場でのエピソードがほとんどない私からすると、みんな頑張ってるなあと感心するばかりでした。
　私は、現場の話題はほとんどないけれども、3年の間に教えた教え子約420名が、私の代わりに現場で頑張っている、というお話をしました。
　人数が極端に多い今の修習生達の20年後は、どんな同期会になるのでしょうか。

　さて、以前の講義でも取り上げたことですが、今回の正月明けの出張講義でも「情況証拠」について、ある程度の時間を割きました。

　1　情況証拠と間接事実の概念
　まず押さえておいてもらうのは、私の説明および図解では、「情況証拠」はすべて狭義の意味、すなわち、「要証事実を直接証明しないが、それ（要証事実）を推認させる間接事実を証明する証拠」に限定して用いていることです。
　しかし、司法研修所編『情況証拠の観点から見た事実認定』7頁、や『18年版刑事弁護実務』330頁、石井一正『刑事事実認定入門』（判例タイムズ社、2005年）109頁、その他多くの文献は、これを広義の意味で用いることが多いようで、例えば以下のように述べています。

　「間接証拠から認定される事実（間接事実）のことも情況証拠と呼ぶことが多く、本研究でもこれに従う。間接事実による事実認定においては、間接証拠と間接事実の検討とは密接不可分な関係にあり、本研究の目的からして間接事実

を情況証拠に含めることが相当である」

　そして、さらに続く文章で、なんと「補助証拠」「補助事実」までも「情況証拠」に含めて検討するとしています（上記『情況証拠の観点から見た事実認定』）。
　しかし、主に以下の理由から、私は狭義の情況証拠に限って「情況証拠」と称すべきであると考えています。

① 　法317条「事実の認定は証拠による」を見るまでもなく、そもそも「証拠」と「事実」とは厳然として区別されるべきであること。
② 　密接不可分であるからといって、概念の違うものをいっしょくたにするのは妥当でないこと。
③ 　検討する際の便宜上のメリットよりも、実際に学習する者の混乱のデメリットの方が大きいこと。

　ですから、手にした文献が、広義で書いてあるのか狭義なのかは、読む時に十分注意するよう促しています。

　2　間接事実の分類
　実際の講義では、横軸に時系列に沿った分類として、予見的・並存的・遡及的間接事実を、縦軸には有罪方向か無罪方向かの分類として、積極的・消極的間接事実を分けて、合計6つの枠を作った模造紙をホワイトボードに貼り付けました。
　また、その横に「犯行予告」「指紋」などと書き込んであるマグネットシートを貼っておき、修習生を2名指名して、その6つの部屋の中に、うまく分類して貼り付ける作業をしてもらいました（図表15）。
　概ね理解されているようでしたが、どこの出張先でも勘違いしやすかったのは、「指紋」「血液」「足跡」などを、遡及的間接事実と考えていることでした。その理由として、修習生は、証拠の「発見時点」を基準にイメージしていたようですので、説明が必要となりました。
　こうした時系列による分類は、通常「存在時点」によって分けますので、「指紋」などは「犯行時点においてつけられたもの」としての意味合いから、並存的間接事実に分類されるようですね。ただし、犯人の着衣に付着した「血痕」となると、

盗品や凶器所持と同様、遡及的事実とされるようです。

　なお、前記『情況証拠の観点から見た事実認定』55頁では、「犯罪遂行能力」を予見的事実に分類しているようですが、「存在時点」の基準からすると、「犯行機会」などと同様、並存的事実に含める方がわかりやすそうです。「過去においてその能力を持っていた事実」は、これを推認させる再間接事実として位置づけることになります。

　3　有罪意識・無罪意識（徴表行動）
　また、遡及的間接事実の中には、

「有罪意識（徴表行動）」
「無罪意識（徴表行動）」

を挙げるのが一般的で、それぞれ「犯人だからこそとった行動」「犯人ならばとらなかったであろう行動」を指すようです。前者の例としては、「凶器を処分した」「贓物を隠匿した」などがあり、後者の例としては、「犯人なら警察がいる現場にわざわざ戻ったりしないだろう」というような事情ですね。

　そこで私見ですが、これとパラレルに、予見的間接事実の中にも、「これから犯行を行おうとする人物だからこそとる行動」や、その逆に、「これから犯行を行おうとする人物ならとらないであろう行動」もあると考えられます。今のところ適切な表現が見当たらないため、私の造語として、

前者を、「事前的有罪意識徴表行動」
後者を、「事前的無罪意識徴表行動」

と名づけて説明しました。

　例えば、前者については、通常挙げられる予見的間接事実の「犯行予告」や「逃走経路下見」などがその代表格で、それ以外にもいくらでもありうるところです。また後者については、例えば『12人の怒れる男』の中で、少年が柄に特殊な彫刻のあるナイフを友人に見せたという行動がこれに当たりますね。そのナイフを使って、これから殺人を犯そうと考えている人物なら、わざわざその凶器を人に見せたりはしないだろう、という指摘です（映画の中では指摘されていませんでした

が)。ただこの用語は一般的なものではないので、板書の一覧表では括弧書きにしておきました。

　事案の説明をする上で「証拠構造」を図解することは極めて有用で、裁判員裁判において活用してもらいたいところですが、その基本知識として、これら情況証拠・間接事実を含めた「証拠と事実の関係」については、修習生にきっちり押さえさせる必要があると思います。

図表15　主な間接事実(情況証拠)の分類

	予見的間接事実	併存的間接事実	遡及的間接事実
有罪方向（積極的）	動機・計画・欲望 犯行予告 逃走経路下見 特殊手口前科 （事前的有罪意識徴表行動）	犯行機会 犯行遂行能力 指紋・掌紋 毛髪 足(靴)跡 体液・血液 歯型 遺留物件 凶器痕跡 特殊知識	凶器所持・隠匿・処分 贓物所持・隠匿・処分 犯行声明 謝罪文 逃走・高飛び・身を隠す 接触後V所在不明 経済状況激変(急に羽振りよし) 有罪意識徴表行動
無罪方向（消極的）	（事前的無罪意識徴表行動）	他者犯行可能性 自損行為可能性 不可抗力可能性 アリバイ	無罪意識徴表行動

和光だより(64)

卒業教官追い出し旅行――鹿児島

2010.2.15

　2月4日、横浜事件の刑事補償決定が下されました。再審請求が「免訴」で決着したため、「無罪」の言葉を聞くことができなかったご遺族に、実質的無罪の朗報が届けられたものです。
　私は、新聞に掲載された決定理由要旨を拝見したにすぎませんが、警察官、検察官に加えて裁判官の過失をも明言した点に、遅きに失したとはいえ一筋の光が見えてきた印象があります。
　この事件に関連してご尽力された横弁会員の先生方、本当にご苦労様です。

　ところで、今月12日に検察が無罪論告した足利事件、昨年12月15日に再審開始決定が確定した布川事件、12月16日に再審の証拠開示勧告がなされた狭山事件等々、世上「冤罪」ではないかと疑われる大きな事件に動きが見られるようです。
　この流れに乗って、名張毒ぶどう酒事件や袴田事件、飯塚事件その他の再審請求事件で、良い結果が出ることを期待したいと思います。

　さて、話は変わりますが、先月末実施の刑弁教官室の卒業教官追い出し(追い出され?)旅行は、鹿児島でした。
　初日に鹿児島空港からレンタカーで桜島に乗り込んだのですが、しばらくは白い蒸気を吐いていた山が、火口に一番近い湯之平展望所で山を眺めていたその瞬間に、たまたま黒い噴煙を吐き出しました。火山に慣れない我々が「避難しなくて大丈夫か」などと心配するほどでした。

　「我が胸の　燃ゆる思ひにくらぶれば　煙は薄し　桜島山」

　私はこの歌を、大学時代に読んだ『人生劇場』に登場する熱血漢新海一八のセリフ、すなわち作者尾崎士郎の作だとばかり思い込んでいましたが、実際は、実

在の幕末の勤皇志士平野国臣の作だったんですね。今回あらためて知りました。
　鹿児島県民の皆様には、大変失礼をいたしました。
　しかし、歌はさておき、私の思いなんぞに比べれば、桜島の黒煙の凄いこと、凄まじいこと。大地のエネルギーを噴出させる雄大な大自然を目の前にすると、我々人間がいかにちっぽけな存在なのか思い知らされるようです。
　凄いのは噴煙ばかりではありません。大正年代の噴火で飛ばされたという溶岩が、辺り一面を埋め尽くし、別の星に来たかと錯覚させるほど広大な溶岩原を形成しています。
　そしてなんと、溶岩の隙間から無数の松の木が育ち、これまた我々に生命の力強さを訴えてきます。
　素晴らしい！
　その後、鹿児島市街に帰るフェリーの後部甲板から山を眺めていた時にも、またまた黒煙を噴き出す瞬間が見られて、教官同士、その日2度目の「おお〜」と感激。
　日頃修習生のために我が身を粉にして働いているのを、天は見てくれていたんだと、勝手に盛り上がりました。
　……しかし、翌日のゴルフは大雨と濃霧に見舞われました。あれ？

　鹿児島は美味しいものが多いですね。
　初日は、鹿児島黒牛・鹿児島黒豚・薩摩若しゃもの「せいろ蒸し料理」。2段に積み上げた上のせいろから、肉の旨味が下の野菜に染み込んだ絶品です。
　「黒千代香」（くろぢょか）という算盤の玉の形の平たい土瓶に入れたお湯割りの芋焼酎も美味。
　お湯を前割りして飲むのが薩摩流だそうですね。
　2日目のきびなごの刺身や豚骨もおいしかったなあ。

　2日目の夜は、同僚の舩木教官・英城教官の元教え子で鹿児島で弁護士をしている連中が別々に一席設けてくれて、直接関係のない私たちもそこに混ぜてもらいました。いずれの席でも、教官に対する敬愛の念が本当に強く感じられ、よそ者には羨ましいくらいでした。
　しかし、別の教官の教え子とはいえ、修習生（今は弁護士ですが）と飲むのは本当に楽しいですね。

彼らは彼らで、別のクラスの教官の話が聞けたことを喜んでいるようでした。

　一つ残念だったのは、西郷さんが籠ったという城山の鹿児島城には、当初から天守閣がなかったということ。城下町小田原でお城を見て育ち、今まで裁判出張や出張講義などで各地の城郭(大阪城、名古屋城、長浜城、小倉城、姫路城、丸岡城、松本城、金沢城、広島城など)を見物してきた城フェチの私には、その点だけが物足りない感じでした。

　帰京日、東京の天候は雪で、降下する飛行機が雪雲に入ると、前面スクリーンに映し出された映像から目が離せなくなりました。雲の中の雪の粒が放射線状に後ろに流れて行き、まるで超光速航法で進む宇宙船から見る星のようです。
　その先にうっすらと滑走路の明かりが見えてきたときの幻想的な光景は、めったに見られない感動ものでした。

　(追伸)
　鹿児島料理の味付けは総じて甘味なので、流石に東京に戻った日の夕食は、最近ハマっているスープ・カレー5辛となりました。
　何事もバランスが肝心ですね。

和光だより(65)

自白法則と排除法則

2010.3.4

　先日、和光の刑弁教官室で机の中や資料の片付けをしてまいりました。
　辞令はまだですが、直後に引き渡すためには前もって準備が必要です。段ボールに詰め込むファイルの中身を覗くたびに、講義当時のあれこれが思い出され、懐かしい反面、ちょっぴり寂しい作業でした。
　あと1カ月を切ってしまいました……。

　さて、少なくともある時期まで、我が国の刑事裁判官が経験則と考えていたものに、

　「人はよほどのことがない限り、極刑が予想される重大犯罪について虚偽の自白をすることはない」

ということがありますね。
　そして現在においても、多かれ少なかれこうした「幻想」を引きずっている裁判官がいるようです。
　しかし、目の前の現実の苦痛から逃れるためであれば、いくら極刑が予想されるとしても、それが将来の、しかも現実感を伴わない苦痛である限り、人はたやすく虚偽の自白をしてしまうことは心理学の教えるところです。
　前回もお話しした最近の足利事件などの再審事例を見れば一目瞭然ですね。
　ですから弁護人としては、被疑者・被告人が自白している場合でも、常に目の前の自白者の自白が真実のものかどうか、少なくとも一度は疑ってかかる必要があります。

　さて、教官を3年間やってきて、自白に関してどの期の修習生からも必ず質問されるのが、「自白法則と違法収集証拠排除法則の関係」(あるいは不任意自白と違法収集自白の関係)です。

双方とも、自白の証拠能力を問題にしているわけですが、受験通説の「違法排除説」だけ学んできた者には、理解しづらいところがありますね。

修習生は、起案の講評に関連させて具体的に聞いてきたのですが、この際、舌足らずに終わった感のある各期で説明した内容を、一般論として整理しておくのもいいかなと思い今回のテーマとしました。

修習生からの質問は大抵、次のいずれかです。

① 自白法則と違法収集証拠排除法則はいかなる関係に立つのか？
② ある事例について、両者が競合するとした場合、検討の順序はどう考えるべきか？

例によって、修習生が理解できる程度にざっくりと説明した内容を振り返ってみましょう。

1 自白法則と違法収集証拠排除法則との関係
(1) この点については、自白法則の根拠をどう考えるかによると説明しています。

違法排除説にも諸説あるようですが、違いを浮き彫りにさせる意味で、違法収集自白も含めて自白の問題はすべて任意性で扱うとする典型的な見解を代表選手にしましょう。そうすると、前者（自白法則）は後者（排除法則）の特別法という関係（包含関係）に立つことになると思われます。

これに対し、虚偽排除説・人権擁護説などの「任意性説」からすれば、両者はまったく別の法則であるけれども、事案によっては重畳関係（交わりの関係）に立つと考えることになるでしょう。

違法排除説に対しては、法319条の「任意」という文言にマッチしないという批判が可能でしょう。

しかし、明文を無力化する解釈技法は、民法をはじめとして昔からいろいろなところでなされていますので、この点が致命的だとまでは言えないのではないでしょうか。むしろ、令状主義、さらにはその前提としての強制処分法定主義との関係を考えるとわかりやすいかもしれません。

そこでまず、教室では、「強制処分法定主義と令状主義の関係」につき図解（図表16）して以下のように説明しました。

法197条1項は、本文で任意捜査が原則であることを規定し、但書で強制処分は法律の定めのある場合に限られると定めている。したがって、強制処分については、まず第一に、国会による立法的事前チェックがなされることになる。
　そして、あらかじめこの立法的チェックを経た強制処分であっても、現行犯逮捕等の例外的場合を除いて、裁判官の発する令状がなければならないとして、第2段階の司法的事前チェックが要求されており、これが令状主義である。
　これに対し、強制にわたらない任意の処分については、条文上は何ら制約がないように読めるが、判例は、たとえ強制処分に当たらないとしても、人権侵害のおそれ等があることから、それが相当なものでなければならないとしている。
　ただ、令状が要求されないので、「相当性」によるこの司法的チェックは、あくまでも事後的な規制にとどまるといえよう。
　この相当性に関連して問題とされたものに、おとり捜査や職務質問、所持品検査、自動車検問、写真撮影などがある。

(2)　次に排除法則と自白法則の違いについては、大要以下のような話をしました。

ア　排除法則は、それを言明した最高裁判例の、「令状主義の精神を没却」という文言に表れているように、本来、令状があり手続が適法になされていれば排除されないことが前提。
　その証拠物自体に証拠価値は備わっているが、しかし手続に重大な違法があるので、将来の違法捜査抑制のために「あえて」証拠能力を否定する、というものである。
　つまり、背景原理として、「令状主義」さらには「強制処分法定主義」が念頭に置かれている。
　そこでの典型例は、違法な捜索差押によって押収された証拠物の証拠能力。
　こうした違法手続によって侵害されるのは、主として憲法35条の「財産権」だと思われる。

イ　他方、自白法則は、憲法38条2項を憲法上の根拠とし、守られるべき人権は「供述の自由・黙秘権」であるから、そもそも法律で定めてもそれを制約することは許されない。

例えば法律で一定限度の拷問的手段を認め、かつそのための令状を創設しても、その法律自体が憲法違反で無効となる。
　つまり、任意性を要求する自白法則が守るべき人権は、「強制処分法定主義・令状主義」によって規制される範囲を越えたところにある権利だと思われる。
　また、任意性のない自白は、潜在的に虚偽性を有しているので、この点からも通常虚偽性のない証拠物とは異なる。

　ウ　そうすると、違法排除説のように考えるのは、背景原理や証拠の虚偽性の有無の点で異なるものを接木したようで、どうもしっくりこない。
　強制処分法定主義・令状主義が適用される範疇と、その外の問題とは、やはり区別すべきだと考える。

　(3)　田宮裕教授が違法排除説を唱えた時点では、まだ判例上、違法収集証拠排除法則が確立されておらず、かつ、その法則が自白に適用されるなど予想されなかった時代でしょうから、捜査側の手続に視座を転換する意義は大きかったでしょう。しかし、排除法則が判例法として確立し、供述証拠にも適用されることが明らかになった現時点では、あえて無理な解釈をする必要はなくなったというのが現実的な見方かもしれません。

　2　競合の場合の適用順序
　(1)　上記のように、任意性説に立つことを前提とすると、違法収集自白と不任意自白は理論的に競合しうるということになります。そこで修習生からは、どちらを先に検討すべきかと聞かれることになります。
　法律に明文のある不任意自白が先で、判例法にすぎない違法収集自白が後、というのも一理ありますし、「客観から主観」という刑事法全体を支配する考えからすれば、捜査手続の違法性という客観的事情を問題にする違法収集自白が先で、被疑者・被告人の内心への影響を問題にする不任意自白が後という構成も十分可能だと考えられます（図表17）。

　(2)　比較的最近、注目すべき裁判例（宿泊を伴う任意取調べの違法が問題とされた「ロザール事件」）が出ておりますので、修習生には参考として紹介しました。

この事件で第一審（千葉地判平11・9・8判時1713・143）は、先に自白の任意性を検討した後で排除法則を検討しているのに対し、同じ事件の控訴審（東京高判平14・9・4判時1808・144）は、逆に排除法則を先に検討しており、適用順序に両説ありうることがわかります。

　修習生には、きちんと理解して構成してあればどちらでも構わないと説明するにとどめました。

　なお、両判決ともに違法の重大性を指摘するについて、例の「令状主義の精神を没却する」という常套表現を用いていない点が注目されるところです。

　以上、ざっくり過ぎる気もしますが、まとめてみました。

図表16　強制処分法定主義と令状主義

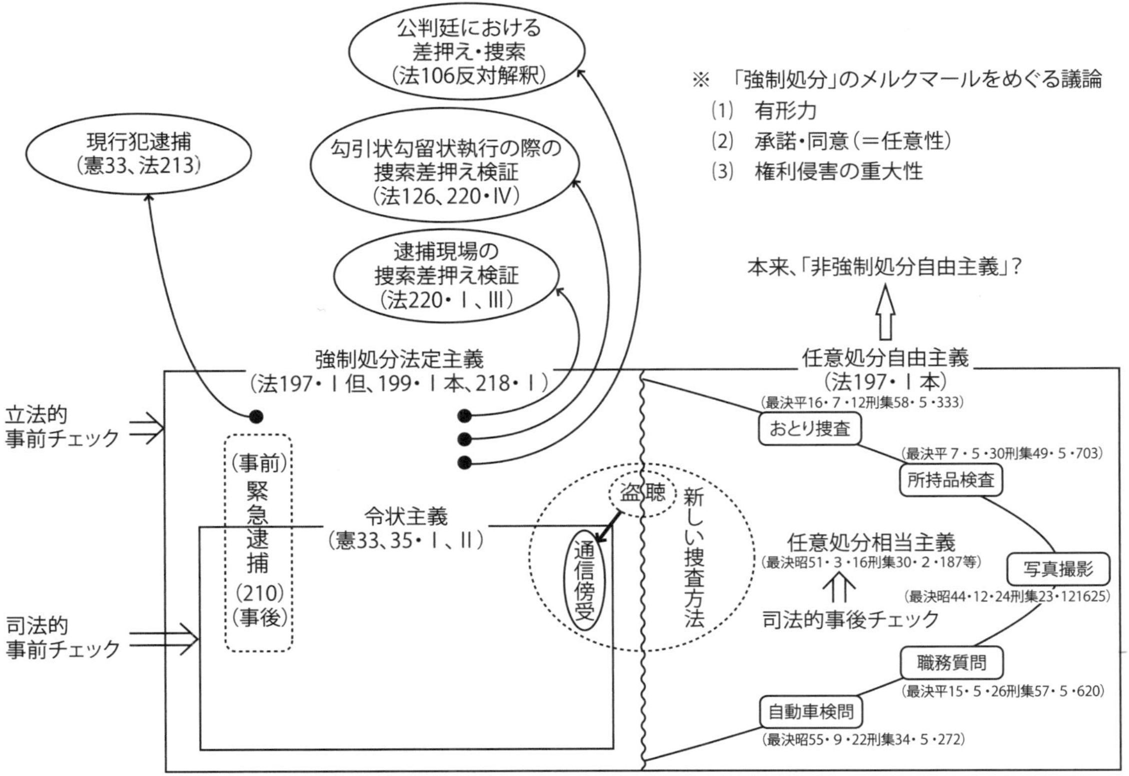

※「強制処分」のメルクマールをめぐる議論
(1) 有形力
(2) 承諾・同意 (＝任意性)
(3) 権利侵害の重大性

公判廷における
差押え・捜索
(法106反対解釈)

勾引状勾留状執行の際の
捜索差押え検証
(法126、220・Ⅳ)

逮捕現場の
捜索差押え検証
(法220・Ⅰ、Ⅲ)

強制処分法定主義
(法197・Ⅰ但、199・Ⅰ本、218・Ⅰ)

令状主義
(憲33、35・Ⅰ、Ⅱ)

現行犯逮捕
(憲33、法213)

緊急逮捕
(210)
(事前)
(事後)

立法的事前チェック →
司法的事前チェック →

任意処分自由主義
(法197・Ⅰ本)

本来、「非強制処分自由主義」？

おとり捜査
(最決平16・7・12刑集58・5・333)

所持品検査
(最決平7・5・30刑集49・5・703)

写真撮影
(最決昭44・12・24刑集23・12・1625)

任意処分相当主義
(最決昭51・3・16刑集30・2・187等)
司法的事後チェック

職務質問
(最決平15・5・26刑集57・5・620)

自動車検問
(最決昭55・9・22刑集34・5・272)

新しい捜査方法
盗聴 → 通信傍受

教官3年目　199

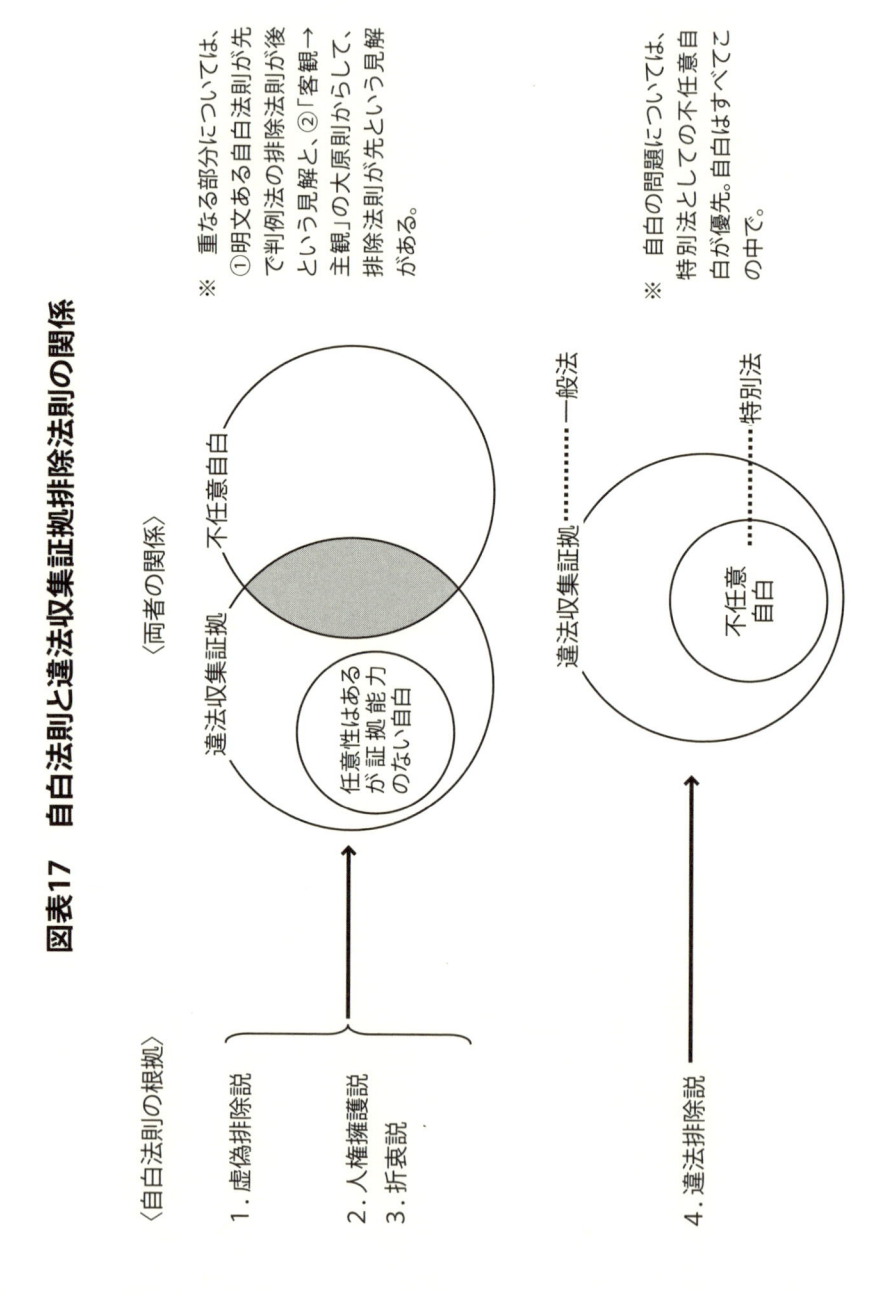

図表17　自白法則と違法収集証拠排除法則の関係

〈自白法則の根拠〉

1. 虚偽排除説
2. 人権擁護説
3. 折衷説

4. 違法排除説

〈両者の関係〉

※ 重なる部分については、①明文のある自白法則が先で判例法の排除法則が後という見解と、②「客観」→「主観」の大原則からして、排除法則が先という見解がある。

※ 自白の問題については、特別法としての不任意自白が優先。自白はすべてこの中で。

和光だより(66)

私の引き出し

2010.3.16

　これまでこの和光だよりでも、「発想の転換」という言葉がよく出てきました。
　私の大好きなドラマ『刑事コロンボ』はその発想の転換の宝庫ですし、その他のミステリーにも傑作は目白押しですね。古くは、小学生のときに読んだコナン・ドイルの『赤毛連盟』にたいそう驚きましたし、少し前の有栖川有栖『月光ゲーム』にもうなりました。
　松本清張にもいくつかありますね。短編『渡された場面』なんか、よく思いつくものだと感心しました。

　今回は、私の楽屋の引き出しをご紹介しましょう。
　何年か前から、こうした発想の転換に目をつけて、「なるほどそんな考えもあるのか」「いやあ一本取られた」などと感心したクイズ・パズル・川柳・狂歌・都都逸・童話・寓話などを大まかに分類して保管することにしています。
　実際に役立てたのは、私がその後司法修習委員になり、横浜修習54期の連中にクイズを出したのが初めてですが、今でもその引き出しから取り出しては後輩弁護士や修習生に話をすると、かなり興味を持ってくれるようです。

　大まかな分類というのは、

① 反転思考　② 逆転思考　③ 逆説思考　④ 水平思考
⑤ 垂直思考　⑥ 多視点思考　⑦ 複眼思考　⑧ 比喩思考
⑨ 無限思考　⑩ 矛盾思考　⑪ 補助線思考
⑫ 題名が誤解のもと　⑬ 数字に惑わされるな思考
⑭ ゴロ・アナグラム思考　⑮ レッド・ヘリング思考

などとなっています。
　例えば、以前、このたよりでご紹介したエピソードの中にも、

浜田教授著『自白が無実を証明する』は、③
「ビリヤード」は、⑧
「土竜地図」や「故宮博物院の器」は、②
「鶴亀算」は、⑪
「語呂合わせ」は、⑭
「世界地図の話」は、⑥

などかなりの頻度で、引き出しから出して使っていますね。
　ただ、①の「反転思考」や、⑫の「題名が誤解のもと」、⑮の「レッド・ヘリング思考」は、なかなか紹介する場面がありませんでした。
　次のようなものです。

1　反転思考
　有名なのは、心理学の教科書に出ている「ルビンの壺」（図と地）ですが、私の引き出しには次のような話を収録してあります。

(1)　シマウマの縞は白地に黒か、黒字に白か。
　考えれば考えるほどわからなくなって夜眠れなくなりそう。

(2)　「南禅寺の泣き婆さん」の話。
　門前に住む老婆が、雨が降ったと言っては泣き、お天気だと言っては泣くので、坊さんが理由を尋ねた。老婆が言うには、息子が２人あって、長男は履物屋、次男は傘屋だそうで、雨が降ると履物が売れないで困るだろうと泣き、晴れると傘が売れないだろうと泣くというのだそうだ。
　そこで坊さん、「それは逆だ。雨が降れば傘屋は繁盛するし、晴れれば履物屋が繁盛する、どちらにしても喜んだらいい」と諭したそうな。

(3)　「夏至」のことを、我々日本人は、「１年で、最も昼が長い日」と呼ぶが、ものの本によると、フランス人は、「１年で、最も夜が短い日」としているらしい。さすがムーラン・ルージュの国。
　どちらの発想にも国民性が表れている。

2　題名が誤解のもと
『情婦』は、アガサ・クリスティ原作『検察側の証人』(Wittness for the prosecution)の映画版邦題。原作の知的イメージを損なう扇情的訳語。
「ハリウッド＝聖林」は、「Holly」＝柊を、「Holy」＝神聖な、と勘違いした誤訳。

3　レッド・ヘリング思考
刑事コロンボのうち、「死の方程式」「パイルD-3の壁」「意識の下の映像」「白鳥の歌」「権力の墓穴」「逆転の構図」「歌声の消えた海」など多数(詳細はネタ晴らしになるので控えます)。

以上、引き出しのいくつかを披露させていただきました。
他の引き出しも見たい方は、飲みに連れて行っていただければいくらでも話しちゃいます。

(追伸)
先日の母の葬儀に際しましては、格別のご厚情を賜り、また数々の励ましのお言葉を頂戴し、本当に有難うございました。
勝手ながらこの場をお借りして、心より御礼申し上げます。
上の文章は、母が亡くなる前日までに書き綴ってあったものです。
自分のせいで息子の文章がボツになることを母は望まないでしょうから、ここにそのまま投稿させていただきました。

「世の中にさらぬ別れのなくもがな　千代もといのる人の子のため」(在原業平)

……本当ですね。

和光だより（67）

最後の挨拶

2010.4.2

　少し落ち着いたら読もうと思って、本屋での衝動買いが続いています。
　今日は、背表紙のタイトルを見ただけで、すぐに手にとってレジに向かった本が3作。

　　歌野晶午『密室殺人ゲーム王手飛車取り』
　　水田美意子『殺人ピエロの孤島同窓会』
　　マイクル・コナリー『リンカーン弁護士（上・下）』

　どうです？
　本格ミステリーファン兼将棋愛好家兼バリスターなら、題名を見ただけで買わざるをえないでしょう！（まだ読んでいないので、中身は保証の限りではありませんが……）

　昨日、所長室に呼ばれ辞令交付を受けてまいりました。
　3年間の任務が終了し、もう「教官」を名乗れなくなりました。
　ある日突然、それまで名乗っていた「太陽系第9惑星」を名乗ることが許されなくなった冥王星の嘆きに近いものがありますね（笑）。
　途中、齢五十を迎えましたが、「五十にして天命を知」……ったかどうかはさておき、振り返れば私の人生の中で、サッカーに明け暮れ恋に恋していた高校時代の3年間に匹敵する、最も光り輝く時間でありました。
　3年前のあの日、新任教官の私たちを暖かく迎えてくれた桜が、今日は卒業する私たちを優しく見送ってくれました。

　さて、これまで私が講義をしたクラスは、出張講義も入れれば7クラスで、

　　現行60期15組（非修習地別編成クラス）の後期修習が73人

新60期9組（大阪・松江修習）の集合修習が70人
新61期1組（名古屋・福井修習）の出張講義が73人
新61期18組（東京修習）の出張講義・集合修習が70人
現行62期4組（大阪修習）の前期・後期修習が65人
新62期8組（大津・金沢・宇都宮修習）の出張講義・集合修習が71人
新63期13組（大分・山口・広島修習）の出張講義が71人

以上の合計493人でした。
和光の苗床で一生懸命に育てた稲が、今や全国各地で育っています。いずれ結実の時を迎え、立派な稲穂となって、しかし頭を垂れてくれることでしょう。
最小限のスキルとスピリッツを教えるのは当然として、私はさらに後輩たちに夢と希望を与える教官でありたいと常々思ってきましたが、それがどれだけ伝わったか……。

私の和光だよりも、今回が最後です。
月2本くらい、というノルマを自らに課したのは、週1本はとても書き切れないし、かといって月1本では皆さんに忘れられてしまうと思ったからでした。

「パソコンに向かひて　心にうつり行くよしなしごとを　そこはかとなく書きつくれば　いみじうこそをかしけれ」

といった感じでしょうか。いと楽しき作業でした。

法曹関係以外の方で、この和光だよりに登場していただいたのは、次の方々です（敬称略）。
図らずも、私個人の趣味の色彩が色濃く出ていますね。
山本五十六、オーガスタス・ド・モルガン、スティーブ・マルティニ、シェルドン・シーゲル、〇〇書店店員、周防正行監督、矢田部孝司・あつ子夫妻、パーネル・ホール、古今亭志ん生、宮本武蔵、リチャード・ギア、トム・クルーズ、免田さん、谷口さん、斉藤さん、赤堀さん、台湾のガイドさん、台湾のお茶屋のおばちゃん、シドニー・ルメット、ヘンリー・フォンダ、ウィリアム・フリードキン、ジャック・レモン、ニキータ・ミハルコフ、ギルバート・K・チェスタートン、ブラウン神父、松

教官3年目　205

尾芭蕉、太宰治、竹久夢二、服部嵐雪、ビリー・バンバン、清水かつら、若山牧水、マイケル・ジャクソン、サイモン＆ガーファンクル、東方神起、デール・カーネギー、紫式部、川端康成、夏目漱石、グレゴール・ザムザ、カフカ、ウィリアム・アイリッシュ、藤原定家、寂蓮法師、西行法師、ボブ・ディラン、エドウィン・ハッブル、東洋大柏原君、城西大石田君、赤い帽子を被った可愛い少女、野矢茂樹、本多勝一、新海一八、尾崎士郎、平野国臣、西郷隆盛、コナン・ドイル、有栖川有栖、南禅寺の泣き婆さん、アガサ・クリスティ、在原業平、歌野晶午、水田美意子、マイクル・コナリー。

　教官生活は終わりを告げましたが、これからも折に触れてこの３年間を思い出すことでしょう。
　横浜弁護士会、そして県西支部の皆様、３年間のご支援ご協力本当に有難うございました。
　また、面と向かっては恥ずかしくてなかなか言えないので、この場をお借りして言いますが、我が杉﨑茂法律事務所所属弁護士と事務所スタッフの皆さん、皆さんのお力をお借りしてなんとか無事に３年間務め上げることができました。本当に有難うございました。

　長いことご愛読いただき有難うございました。
　最後に、きっと届くことを信じて、全国に散らばった私の教え子たちに、ここ小田原からメッセージを送ります。

「人の心の痛みを知る法曹たれ！」

　それでは。

付録

「12人の怒れる男」証拠（間接事実）構造図

〈殺意をめぐる論点〉

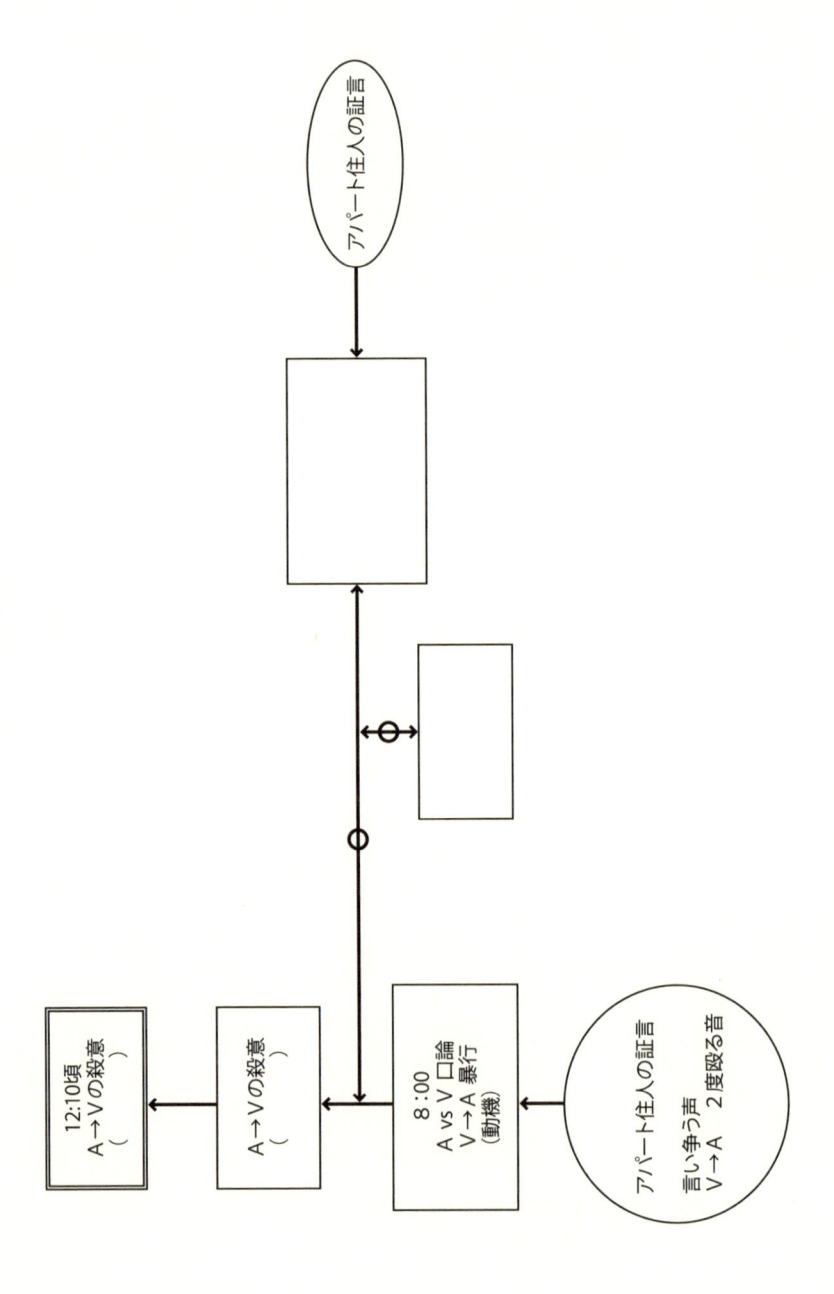

アパート住人の証言

8：00
A vs V 口論
V→A 暴行
（動機）

A→Vの殺意
（　　）

12:10頃
A→Vの殺意
（　　）

アパート住人の証言
言い争う声
V→A 2度殴る音

〈ナイフをめぐる論点〉

```
        古物商の証言              友人の証言
        ┌─┬─┐                ┌─┐
        │ │ │                │ │
      ┌─┘ │ └─┐            ┌─┘ │
      │   │   │            │   │
   ┌──┴┐┌┴──┐┌┴──┐      ┌──┴┐┌┴──┐
   │   ││特 ││ A ││      │特 ││   │
   │   ││殊 ││：同││      │殊 ││   │
   │   ││彫 ││種ナ││      │彫 ││   │
   │   ││刻 ││イフ││      │刻 ││   │
   │   ││   ││購入││      │   ││   │
   └───┘└───┘└───┘      └───┘└───┘
```

経験
8番陪審員

凶器のナイフ
Aのもの

Aの供述

12:10頃
A→V
刺殺

付録●「12人の怒れる男」証拠（間接事実）構造図　209

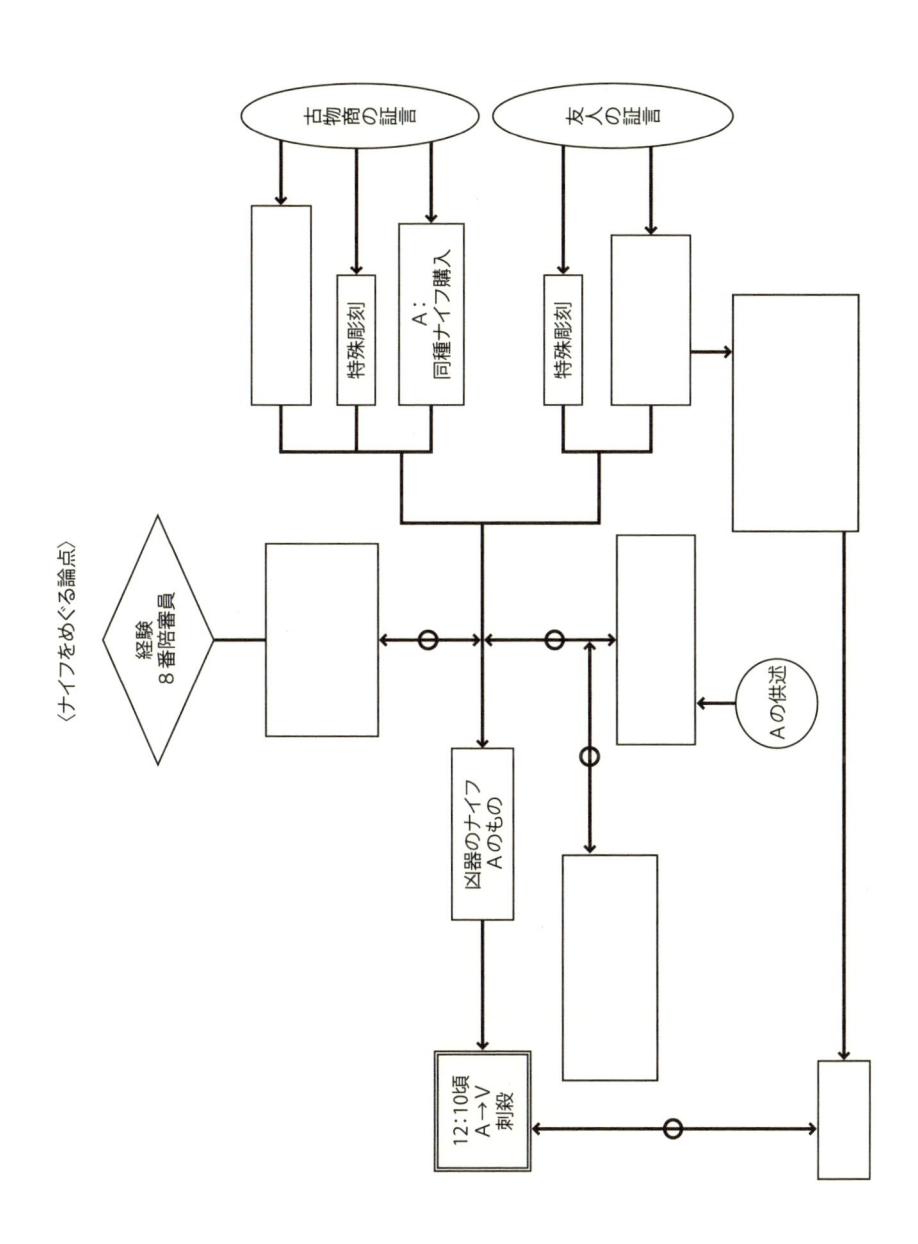

〈老人の証言をめぐる論点〉

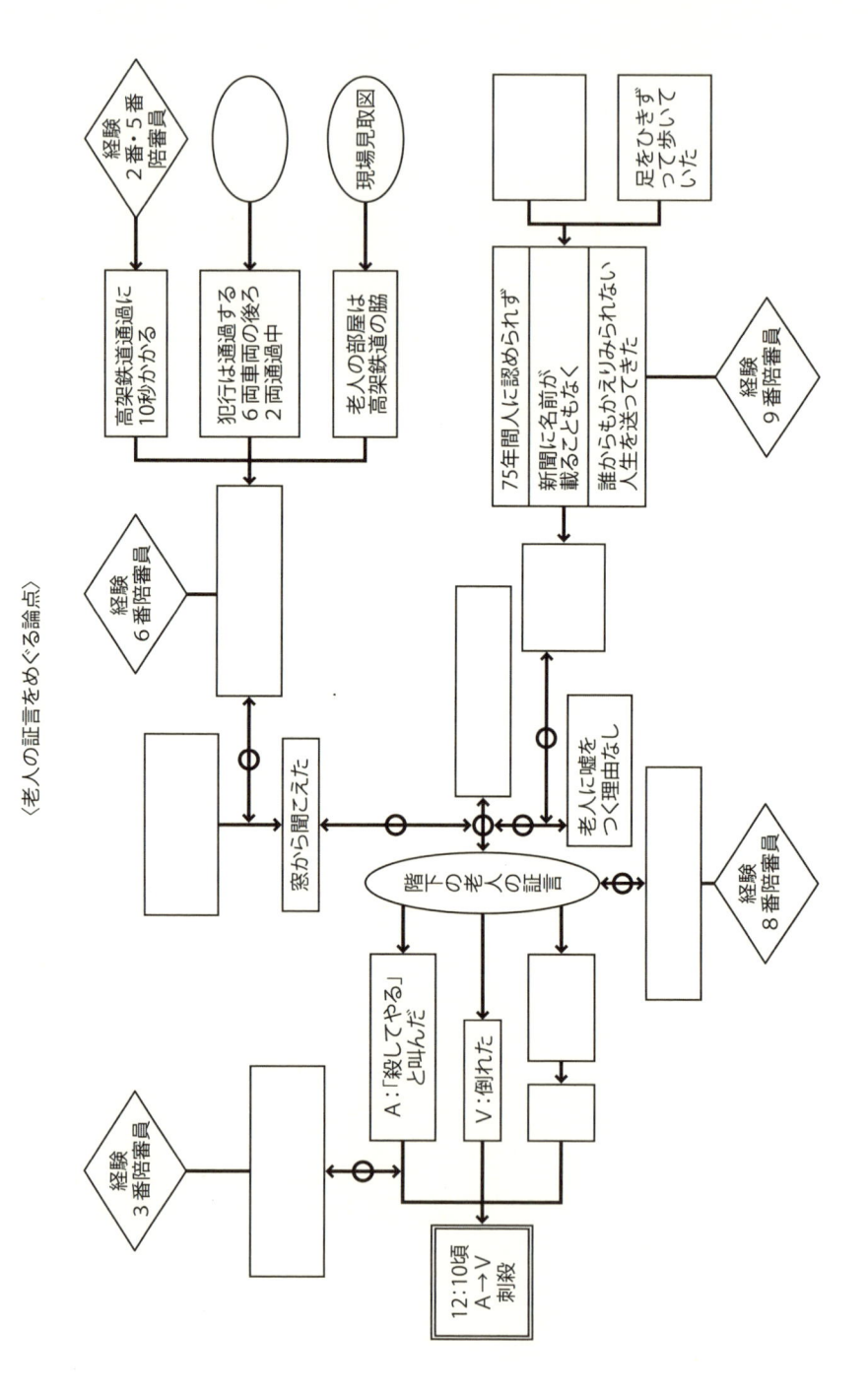

- 経験 2番・5番陪審員
  - 高架鉄道通過に10秒かかる
  - 犯行は通過する6両車両の後ろ2両通過中
  - 老人の部屋は高架鉄道の脇

- 現場見取図

- 経験 6番陪審員
  - 窓から聞こえた

- 経験 3番陪審員
  - A:「殺してやる」と叫んだ
  - V:倒れた
  - 12:10頃 A→V 刺殺

- 階下の老人の証言

- 老人に嘘をつく理由なし
- 経験 8番陪審員

- 足をひきずって歩いていた
- 75年間人に認められず新聞に名前が載ることもなく誰からもかえりみられない人生を送ってきた
- 経験 9番陪審員

210　和光だより――刑事弁護教官奮闘記

〈少年の帰宅をめぐる論点〉

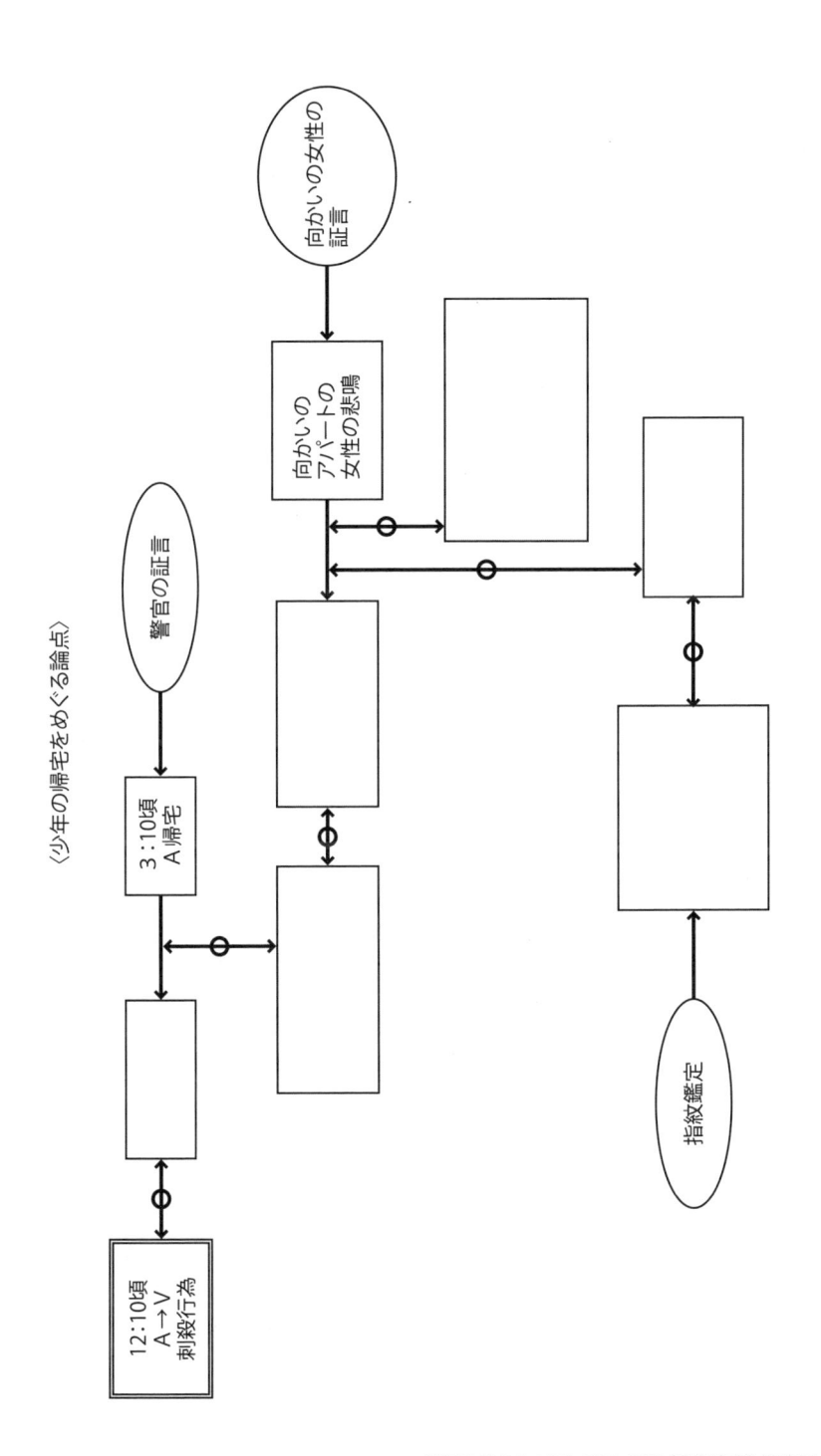

向かいの女性の証言

向かいのアパートの女性の悲鳴

警官の証言

3:10頃 A帰宅

12:10頃 A→V 刺殺行為

指紋鑑定

付録●「12人の怒れる男」証拠（間接事実）構造図　211

〈アリバイをめぐる論点〉

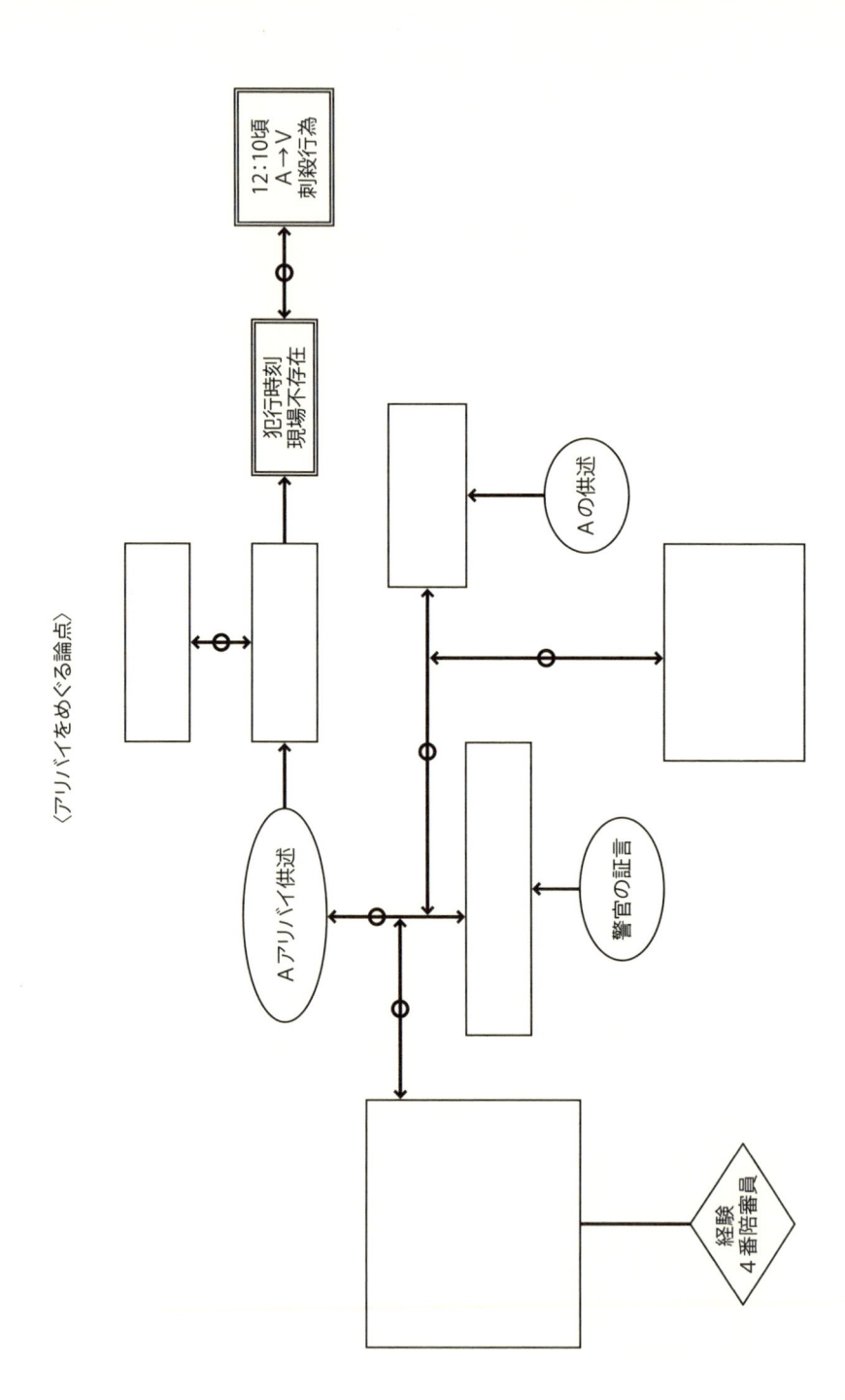

```
                                    ┌─────────┐
                                    │ 12:10頃 │
                                    │  A→V    │
                                    │ 刺殺行為 │
                                    └─────────┘
                                         ↕ ○
                                    ┌─────────┐
                                    │犯行時刻  │
                                    │現場不存在│
                                    └─────────┘
                                         ↑
                  ┌────┐      ┌────┐              ┌────┐
                  │    │ ↔○  │    │     Aの供述   │    │
                  │    │      │    │◀──(  )       │    │
                  │    │      │    │              │    │
                  └────┘      └────┘   ↕○        └────┘
                                 ↑
                          アリバイ供述
                              (    )
                                 ↕○
                              ┌────┐  警官の証言
                              │    │◀──(  )
                              └────┘
                                 ↕○
                           ┌────────┐
                           │        │
                           │        │──◆ 経験
                           │        │   4番陪審員
                           └────────┘
```

〈向かいの女性の証言をめぐる論点〉

付録●「12人の怒れる男」証拠（間接事実）構造図

〈ナイフの刺傷をめぐる論点〉

```
                                        ┌─────────┐
                                        │ 経験     │
                                        │ 5番陪審員 │
                                        └────┬────┘
                    ┌──────────┐         ┌───┴──────┐
                    │ A：ナイフの│         │          │
                    │ 扱いに    │         │          │
                    │ 慣れている│         │          │
                    └────▲─────┘         └────▲─────┘
                         │                    │
          ┌────────┐  ┌──┴──────┐
          │        │  │A：168cm │
          │        │  │V：185cm │
          │        │  └─────────┘
          │        │     ○           ┌──────────┐
          │        │                 │          │
          │        │                 │          │
          │        │                 └────┬─────┘
          └───┬────┘                      │
              │        ○                  │
              │◄──────────────────────────►│
              │                      ┌────┴────┐
              │                      │ 実験     │
              │                      │ 3番陪審員 │
              │                      └─────────┘
          ┌───┴─────┐
          │犯行方法  │
          │ Aに不適  │
          └────┬────┘     ○      ┌──────────┐
               │◄───────────────►│12：10頃   │
                                 │ A→V      │
                                 │ 刺殺      │
                                 └──────────┘
```

あとがき

　「至誠に悖る勿かりしか」
　これは、私自身が第42期司法修習生だったときに、民事弁護の教えを受けた故北村忠彦先生が板書された海軍兵学校「五省」の一つです。先生は、必ず授業開始にあたり、我々に伝えたい熱いメッセージを黙々と板書されていました。
　刑事弁護の教えを受けた酒井憲郎先生は、ある時、交通事故事案の解説にあたり、実況見分調書をもとに拡大してわざわざ手作りされた、建物・道路や紙製自動車が貼り付けてある立体的な模造紙を黒板に貼られて、目撃者の視認可能性などを熱心に説明されていました。
　両先生には、研修所卒業後も幾度となく教えを賜り、私が教官候補に名乗りを挙げたときにも相談に乗っていただきましたし、教官就任が決まったときにはまるで我がことのように喜んでいただけました。

　教官の職を離れ3年間を振り返ると、講義スタイルに両先生の少なからぬ影響があったことを今さらのように実感いたします。
　ただ、内容面において、果たして両先生の教えをどれだけ後輩たちに伝えることができたか内心忸怩たるものがありますが、それでも半分ほどは伝えられたのではないか、それくらいはご恩返しできたのではないかと勝手に思っています。
　あとは、私の教え子たちが、またその後に続く者たちに何かしらを伝えていってもらえれば、教官としてこれほど幸せなことはありません。
　実は大いに期待しています。

　最後に
　和光だより(66)で触れたように、教官離職直前に母を亡くしました。
　私の教官就任前に、医師から余命不詳の宣告を受けながら気丈に振る舞い、ずっと命を細く繋ぎ止めてきて、私の任務終了を見届けるかのようにしてすっと逝ってしまいました。
　そんな亡き母に本書を捧げたいと思います。

大木 孝（おおき・たかし）

1957年、神奈川県小田原市で生まれる。
1981年に早稲田大学法学部卒業。
同年、裁判所事務官、1983年から裁判所書記官。
1987年、司法試験に合格、1990年に横浜弁護士会に登録。神奈川県小田原市の杉崎茂法律事務所に勤務。
2004年から横浜国立大学法科大学院客員教授、2007年から司法研修所教官（刑事弁護）を務める。
教官の任期を終えた2010年からは、新司法試験考査委員・司法試験予備試験考査委員（刑法）を務めている。
著作に「情況証拠と間接事実による事実認定（上・下）」季刊刑事弁護80、81号がある。
趣味は、サッカー・将棋・ミステリー読書など。
座右の銘は、「人の心の痛みを知る」、「運と縁と恩」、「時間、空間、そして人間」。

和光（わこう）だより
刑事弁護教官奮闘記

2010年10月10日　第1版第1刷
2011年3月31日　第1版第2刷
2014年3月15日　第1版第3刷
2016年4月30日　第1版第4刷

著　者　大木 孝
発行人　成澤壽信
編集人　西村吉世江
発行所　株式会社 現代人文社
　　　　〒160-0004　東京都新宿区四谷2－10八ツ橋ビル7階
　　　　Tel: 03-5379-0307 Fax: 03-5379-5388
　　　　E-mail: henshu@genjin.jp（編集）／hanbai@genjin.jp（販売）
　　　　Web: www.genjin.jp
発売所　株式会社 大学図書
印刷所　株式会社 平河工業社
装　丁　加藤英一郎

検印省略　Printed in Japan
ISBN978-4-87798-461-8 C1032
©2010　大木 孝
◎本書の一部あるいは全部を無断で複写・転載・転訳載などをすること、または磁気媒体等に入力することは、法律で認められた場合を除き、著作者および出版者の権利の侵害となりますので、これらの行為をする場合には、あらかじめ小社または著者に承諾を求めて下さい。
◎乱丁本・落丁本はお取り換えいたします。